JN411185

빈말과 헛말 사이에 강이 흐,

조병완 시집

시인동네 시인선 008

조병완 시집

빈말과 헛말 사이에 강이 흐,

시인동네

시인의 말

덧없고 부질없는 것들과 아등바등, 우리는 점심을 먹고 소멸되는 것이 두려워 또 아등바등, 저녁을 먹고도 아등바등, 밤이 되면 다시 배가 고프다. 눈을 뜨면 오늘의 배가 허전하다, 그래 다시 배고픈 게 얼마나 좋은 일이냐, 지상에 이보다 더 찬란한 일이 어디 있더냐.

빈말과 헛말 사이에 강이 흐,

차례

빈말들

헛말들

빈말들

장마 잡기

파리채를 들고 장마를 잡는다 장마는, 잡히지 않고 파리가 납작하게 죽는다 파리채 손잡이엔, 등을 긁는 효자손이 있지만 효자보다 더 지루한, 장마를 잡는다 탁 탁 빗소리는, 시위대의 함성이 되고 진압 경찰은 주춤거리는데 촛불시위 뉴스는, 사라지고 보이지 않는다 들리지 않는다 파리는, 제 생을 통째로 내놓아 장마에 헌신하지만 파리채를 들고 나는, 무심한 딸을 잡는다 무심하기도 하지 넌, 전화 한번 하지 않는구나 어버이날이 지나도록 지애비 생일이 지나도록 파리채로는, 딸을 잡지 못해 딸애는, 날지 못하니까 그앤 남친이 생겨서 날개가 한쪽뿐, 이야 내가 납작해지는, 그 앤 장마 같은 아가씨 파리채를 들고 장마를 잡, 어머니 잡히지 않아요 잡히지 않아요 죽음의 허연, 차양막 근처에서 바라보던 어머니는, 애야 네 딸 하고 온다더니 힘없는 눈을 뜨고는, 딱하구나 장마가 끝나야 할 텐데 자꾸만 저승 쪽을 바라본, 다 파리채를 들고 장마를 잡는다 장마는, 나 잡아봐라 나 잡아봐라 납작하게 죽은, 파리를 남기고 실장어처럼 유영한다 어머니 주무셔도 괜찮, 아요 난, 익사하지 않을 거니깐,

사월(斜月)

4월에 눈, 이 온다고 휴대전화기에 문, 자가 뜬다 모든 것이 기, 울어진 세상에서 기, 울지 않은 것은 형벌인가 산, 수유꽃이 덜 핀 채 매달린 검, 은 가지에 斜月의 눈, 물이 머문다 사월은 아, 파도 소리 내지 않고 슬, 퍼도 울지 않는다 사, 월은 옷을 벗지도 못하고 눕, 지도 못한다 한번 아, 팠던 가지는 몽똥그린 잎, 을 쥐고 펴지 않는다 먼, 산의 뻐꾸기 마른 목젖에 물, 기가 스미는지 뒷산의 멧돼지 늙, 은 불알에 번개가 치는지 가, 판대엔 철도 없이 빨, 갛게 딸기가 진, 열되곤 한다 斜月의 휴, 대전화기에는 헤아릴 수도 없이 마, 알간 꽃들이 갸우뚱 피어난다 열, 네 번 재주를 넘은 여, 우가 사람 옷을 입, 고 나타나기도 한다 우, 박이 멎고 비가 온다고 문, 자가 뜬다 사월 붕, 대를 맨 다리

꽃잎의 밤

대낮부터 예비된 밤은 깊게 고랑이 졌, 청주에서 안성까지 도로는 깊은 고랑, 기억은 고랑으로 빠져 사라졌, 네게 조금도 가까워지지 않았, 사과할 줄 모르는 기억과 용서할 수 없는 기억 사이에서 밤의 고랑은 깊어졌, 계절을 업고 네 위를 건너야 했, 너는 징검다리로 길게 누워 무심하였, 계절은 자꾸 흘러내리고 청량한 물을 먹고 싶었, 선운사 동백은 아직 피지 않았다 했, 나리나리개나리 어른나리개나리, 아으으다롱디리 꽃잎은 내려앉았, 숨을 내쉴 때마다 가슴에서 모래가 쉬르르르 쓸려다녔, 밤은 파들거렸, 함박눈이 날리듯 밤은, 검붉은 꽃잎으로 파들거리며 내 위에 엎혀졌, 손발을 움직일 수 없는 몸, 꽃잎 아래 파묻혔, 깊이 묻혔,

내가 TV를 보며 졸고 있,

내가 TV를 보며 졸고 있을 때 꽃은 피었, 꽃잎이 벌어지면서 촉촉한 향내를 뿜어냈, 달빛이 꽃잎의 빰을 간질이, 한반도 주변은 무장무장 오염되었,

내가 TV를 보며 졸고 있을 때 북극의 곰 한 마리 새끼를 데리고 굴에서 나와 눈 위를 굴렀, 먼 곳에서 따뜻한 바람이 파도를 타며 장난질하였,

내가 TV를 보며 졸고 있을 때 방화동 목사님이 간암으로 세상을 떠났, 국적이 필요 없는 철새는 끼룩끼룩 날아왔, 닥나무는 껍질 밑으로 미끈한 물을 올렸,

내가 TV를 보며 졸고 있을 때 팔순 어머니는 병원에서 이제 혼자 걸을 수 있게 되었, 별이 총총한 하늘에서 별똥별 하나 명랑한 선을 그었,

내가 TV를 보며 졸고 있을 때 웃지 않는 중학생의 팔뚝은 골목길에서 점점 굵어졌, 아버지는 밤늦게 들어왔, 병든 엄마는 정처 없이 어딘가에서 추웠,

내가 TV를 보며 졸고 있을 때 산을 좋아하던 사내는 먼 산에 가서 종적을 감추

었, 유흥가 편의점 앞에서 대리 기사들은 휴대전화를 들여다보며 초조하였,

내가 TV를 보며 졸고 있을 때 어린 조카에게 떳떳하기 위해 청년은 얼어붙는 거리 집회에 나갔, 비린 냄새가 한강에서 난지도 평화의공원으로 올라왔,

내가 TV를 보며 졸고 있을 때 꽃은 졌, 꽃이 지고 꽃이 진 자리에서 작은 열매가 자라기 시작했, 내 피는 내 몸속을 느리게 돌아 정수리에 이르렀,

외롭지 않은 밤

"야 오늘이 니 생일이라고? 씨바 불러낼 인간이 결국 나밖에 없는 거지, 너 같은 씨… 나한테 잘해, 씨바" "야이 개새야, 우리 서로 부르면 나오기로 했잖아, 개새…" 아무도 기억하지 않는 K의 생일, L이 술집으로 나온 건 어느 한쪽이 부르면 나오기로 한 L과 K의 약속 때문이,

"넌 씨바 또 맥주냐? 소주 좀 마셔라"

L은 소주, K는 맥주를 주문했, "소주엔 치킨이라니까, 씨바" 양념치킨이 맛이 있, 골뱅이무침이 더 낫, 서로 "엿 같은 수준"을 탓하며 또 티격태격했, 지난 시절의 불화를 들먹이며 언, 성을 높이다가 술을 마시고 졸, 다가 깨선 다투다가 또 술을 마, 시고 다투고 졸,

"네가 무슨 씨바 뭐 뭘, 낚는다고? 씨바 개좆을 낚아라"

K의 취미인 낚시를 못마땅하게 여기며 비아냥거리는 L, 에게 술만 마시면 비아냥대는 L의 술, 버릇을 들어 맞섰, 오래전부터 술 마시면 트, 집을 잡고 비아냥거렸, 그러면 K도 같이 할퀴며 대들었, 그들은 변치 않고 의리를 지켜 다투러 나왔, 술값을 번갈아 내기로 한 약속은 다투지 않고 지켰, 오늘은 K의 생일, K와 L은 술을 마시며 다투고 있, 둘 다 혈색이 밝고 배가 튀어나왔,

너라는 미궁

너라는 허상, 너라는 유령,
너라는 汚名, 너라는 식충,
너라는 삭풍, 너라는 허방,
너라는 祠堂, 너라는 신령,
너라는 閑良, 너라는 깡통,
너라는 殘像, 너라는 耳鳴,
너라는 어둠, 너라는 두통,
너라는 지병,

너라는 미풍, 너라는 여명,
너라는 왕궁, 너라는 춘몽,
너라는 악동, 너라는 변명,
너라는 함정, 너라는 海鳴,
너라는 碑銘, 너라는 천둥,
너라는 指令, 너라는 수렁,
너라는 무덤, 너라는 구멍,
너라는 迷宮,

그대라는 역사

머잖아 그, 대는 죽을 것이, 친구들 모임에 다녀온 다음 날 새벽일 수도 있겠, 집안에 좋은 일이 있, 는 날 저녁일 수도 있겠, 그대가 목욕탕에서 나왔을 때나 일, 요일 점심 후에 졸다 깨서 휴, 대전화를 꺼내 문자메시지를 확, 인했을 때처럼 그대의 죽, 음도 짧게 전해지겠, '아무개 7일 별세, 9일 발인 ○○○ 장례식장'

그대의 장, 례식장에 오려고 친구는 거, 울 앞에서 옷매무새를 보다가 숙, 연해지, 슬퍼지는 게 싫어 웃, 어보기도 할 것이, 그대의 장례식장에 와서는 친, 구들과 멋쩍은 농을 하거나 그대의 역, 사를 펼쳐 얘기할 것이, 그대의 인생이 지루하건 흥미롭건 술, 잔을 들다가 문득 자신의 죽음을 생각하겠, 자기 인생의 끝, 도 간소하게 문자 몇 마디로 사, 람들에게 전해지리라 예, 상하며 아직 갈아 마시지 못한 죽, 일 놈을 떠올릴지도 모르,

그, 대의 영정에 차마 침 뱉는 친, 구는 없을 테, 잘 가시, 돌아가서 그놈 그, 렇게 살더니 잘 죽, 었다고 시원해하는 사람도 없을 테, 걱정 말, 그대가 살기 위해 어, 쩔 수 없이 남들에게 선량할 수 없, 었던 사정을 이해할 테, 그대 삶, 의 곡절들도 몇

마디로 단, 순하게 줄여질 테, 그대 잘 가시, 번잡한 그대 생은 가볍게 타, 서 말끔히 잊힐 것이,

너의 변명

자갈길에서 발목이 뒤집힌 변명은, 편의점 파라솔 밑에 앉아 아이스크림을 핥고 있, 부은 발목을 달고 앉아 아이스크림은 달콤하, 너의 변명은 부드러운 아이스크림을 핥고 또 핥, 아이스크림 속에는 혀를 가르는 예리한 날들이 숨겨져 있, 달고 차가운 아이스크림은 혀가 상하는 아픔을 모르게 하, 너의 변명은, 레이스 달린 실크 블라우스를 입은 너의 변명은, 제 혀에서 나오는 피를 아이스크림과 함께 쩝쩝거리며 먹게 되었, 혀가 너덜너덜 갈라져서 피범벅 아이스크림, 아이스크림 피범벅을 핥고 삼키고, 핥고 삼키, 머리에 꽃을 꽂은 변명, 너의 변명은 오호 놀랍게도 갈라진 혀가 떨어져나가고 새로운 혀가 자라나는 것이었, 다시 아이스크림의 포장을 벗기기 시작하는 너의 변,

슬며시

아니 아니, 그럼 전, 혀 그렇지 않다는 거야? 젠장··· 이 계절은 삼류소설이야 짜, 증 낼 거 없어 우리 모두 박수 치자구 손, 끝 하나 움직이지 말고 이대로 앉아 웃자구 우, 리의 오늘 저들에게 바치자구 우, 리의 내일도 박수치면서 기꺼이 바, 쳐버리자구 하 이,

이따위 말에 무슨 놈의 진정 지, 나가던 개가 웃을 이까짓 말! 시, 답지 않은 계절 아니 저질 코, 미디 그러니 입 닫, 고 눈 감고 살자고? 쉬잇! 저 똥, 닦은 휴지 가난뱅이 부자 신사들 조, 심해 이 껄렁한 시절 불, 한당의 계절 저 신사들은 어, 떤 거짓도 그럴 듯하, 게 만들고 그 위증으로 우릴 묶, 봄이 이렇게 추, 울 때 흐,

춥, 추, 저 신사들이 점잖게 말, 하면 진실이 되니까 조, 심해야 해 우리 모두 우, 스꽝스런 영웅이 되거나 죄, 인이 될 수도 있 향수 냄새가 이, 리 스며오잖아 이 휴지야 이 껄, 렁아 이 봄에 봄, 이 오지 않은 걸 우리가 묵묵히 우리 일을 해서 그, 런 거라고 저들이 말하기 시작하면 우, 린 이 시대의 영웅 아 범, 법자가 되잖겠 봐 꽃, 이 피잖아? 저,

푸드득

부서지는 것들을 말, 하자고? 그렇게 한참을 망설이는 것을 보, 면서 자책하 불길하여 예, 측하기도 꺼렸던 일이 현실이 된 걸 즐, 기자고? 넘실거리는 것들이 날, 름날름 무력한 혀를 집어 삼키는데 그, 리하여 넌? 이 현실 이 구, 렁에 더는 발을 내딛기 어, 렵다고?

낙지의 다리를 씹, 으며 술잔을 들 그러니까 K, 고양이를 안고 있을 Y, 남들이 모르는 자신의 사, 생활을 고양이만 안다고 느, 낄 Y는 H 의 마른 선인장 슬픔을 느, 꼈을 H가 슬픔을 슬픔의 근, 원을 생각하다가 은행나무 잎들이 애써 서, 둘러 노랗게 물드는 것이라고 물, 끄러미 가을 준비가 그렇게 쓸, 쓸하지 않아도 좋을 텐데 다, 리가 많은 낙지 다, 리가 많은 여자?

앞, 만 보고 왔다고 말할 수 있을 검, 은 물잠자리의 날렵한 자태 자는지 조, 는지 생각하는지 속내를 보이지 않 물, 러서는 것이 이, 기는 것이라고? 이 더러운 판을 정, 갈하게 끝내는 것이라고? 낙, 지를 씹다가 털, 어넣는 술 겨우 입, 술만 움직여 말하는 저런 자 앞, 에서 조용히 떠, 나라 이거지?

2010년 봄, 읍,

어디서 불쾌한 냄새가 나, 뭔가 썩어가는 냄새, 내게서 나는 악습의 냄새와 함께 구린 냄새, 변질의 냄새, 목구멍까지 올라오는 토악, 으, 역, 봄,

사물의 이름은 한때, 한때가 사물의 이름, 우유, 종이, 버스도 한때, 나무, 풀, 호랑이, 흐르는 물도 한때, 세상은 한때들의 스치는 인연, 변질 사이의 짧은 만남이라 하, 그렇더라도, 이, 이,

나는 너에게서 가루 분유 냄새, 갓 구운 빵 냄새, 너에게서 수선화 냄새, 매실 냄새, 클로버 꽃시계 냄새, 스물한 살의 떫은 사랑 냄새, 강둑에 앉아 듣던 하모니카 냄새, 봉투를 열어 다시 꺼낸 편지지 냄새, G선의 떨림, 창호지에 흔들리는 대나무 그림자 냄새를 맡고 싶, 그, 저,

이 계절의 냄새, 꽃잎으로 덮어놓은 똥 냄새, 비단으로 가리는 비열의 냄새, 이 잔혹한 봄의 냄새, 이 계절의 짐승 냄새, 도망치고 싶, 결코 이 간이역, 이, 처, 읍,

2010년 봄, 웃음

사람들이 웃으며 봄으로 나왔다. 사람들은 무슨 일에도 웃어야 하는 것처럼 아무 일에나 웃었다. 먼 나라의 소처럼 웃었다

사람들의 웃음은 개나리꽃처럼 가볍고 잘았지만 진달래꽃보다 더 붉어서, 아니 외제 화장품 냄새가 섞여 있어서 바람을 타고 다니기에 적당하였다

이곳, 저곳에서 사람들이 총칼에 피를 흘리고, 지진이 일어나 가난한 사람들의 몸이 찢어지고, 배가 침몰하여 군인들이 물고기 밥이 되었다, 다친 사람들은 더러 거리를 떠돌았다, 검은 리본을 보고 꽃들이 웃었으므로 사람들은 선글라스를 끼고 꽃구경을 갔다

개나리 진달래가 활짝 웃었다, 벚꽃도 매화꽃도 마냥 웃었다, 누가 무슨 짓을 해도 꽃들은 웃었다, 꽃들은 웃어야 살았다, 꽃들의 웃음을 보고 사람들도 웃어야 되는 줄 알았다

사람들은 이제 희비를 가리지 않고 웃었다, 비굴한 행동에 꽃들이 웃으면 사람들은 비굴을 줏대로 삼았다. 사납게 웃었고, 야비하게 웃었으며, 더러는 허망하게

도 웃었다. 허망한 웃음에서도 쭈뼛쭈뼛 거짓이 돋았다, 거짓은 쑥쑥 자라 웃음으로 무성해졌다, 하하하하, 호호호호

거의

재래시장의 국밥집에서 첫 술잔을 들고는 2차 3차로 술을 마셨지, 작업장의 내 테이블 어지러운 술병들을 주섬주섬 재활용 봉투에 넣으며 여기 와서도 술판을 벌였구나, 겨우 기억했지, 그 이후의 일들이 기억나지 않았어, 그래도 그렇지, 달포나 지나서 그런 거 아니었냐고 묻니? 그랬는지도 몰라, 난 갈증에 시달렸으니 뭐든 마시고 싶었겠지, 그 밤이, 맞아, 시절이, 갈증이 나를, 내가 갈증을, 마실수록,

선뜻 무슨 연고도 없이 스치는 이미지
조련사 앞으로 달려온 개, 혀를 빼물고
헐떡이는 개, 혀에서 떨어지는 침

반짝이는 선분들, 지상으로
지상으로 떨어지는 짤막한 선분들
뒤에서 빛이 비춰줄 때는 사람도 더 빛나는가?
저녁 무렵, 주점들이 다시 네온을 켜는 거리
가벼워지는 마음, 경쾌무쌍한 비
양팔을 올려 어깨를 스트레칭할 때

가로등 아래, 등을 늘리며 승용차 밑으로
들어가는 고양이 한 마리

쓸쓸한 섹스, 너의 숲,

네 숲에 이르면 고즈넉이 잎 지는 소리,

때도 없이 잎이 지는, 너의 숲엔
느긋하게 숨어, 나를 기다리는 말들,
무엇 하나 아낄 것이 없는 너,
시간의 천막 밑에 누워버렸지만
무엇 하나 버릴 줄 모르는 나,
네 안에서, 분탕질로 고쳐나고 싶어
너의 품에, 너의 숲에
옷을 벗는다, 습관으로 찌든 옷들,
부끄러운 바람이 몸에 스친다

'올 때마다 숨은 말을 하나씩 찾아봐'

숨결조차 거둬들인 듯, 너의 숲엔
일렁이는 내, 그리움이 닿지 않는 고요,
막막한 종말을 예상하고는 너,
말의 만찬을 차려놓았다지만

내 몸을 화락 달뜨게, 닿지 않다가
슬픔을 슬픔으로, 열락을 열락으로
네 은밀한 허방에 가두고
옷을 입게 한다, 희미한 말로 지은 옷,
내 생의 허리는 번번이 비대하였다

너의 숲을 나오면 아련히 물 흐르는 소리,

검은 잎들이 하늘을 가리기 시작했,

바깥으로 뚫린 창 하나, 이 방에서 겨울을 보냈, 봄은 없었, 달콤한 꿈을 꾸고 깨면 검은 잎들이 자라 하늘을 가리기 시작했, 하늘이 깨지고 있었,

—미안, 미안해

검은 잎들은 더욱 무성해졌, 하늘은 좁쌀로 부서졌, 나는 위태로운 하늘로 날마다 외출을 했, 좁쌀하늘을 통해 귀가했, 창밖은 소란스러웠,

—어디, 쯤인데?

사람들이 말들을 쏟아냈, 무성한 말들의 시절, 말들의 범람, 말들은 증발하지도 않, 이 난장, 난 말에 눌렸, 점점 공허하고 더욱 숨이 가빠졌,

—언제, 올 거야?

수음의 날들은 좁쌀하늘로 날아갔, 돌아오지 못하는 너와 떠나지 못하는 나를 견디지 못했, 문밖의 날들이 스몄, 스몄, 스몄, 생뚱맞게 거친 내가 일어나곤 했,

—이젠, 놓아줘

밤이면 헛말의 배를 타고 계절을 거슬러 올라갔, 이런 내가 못마땅하지도 떳떳하지도 아니했, 오늘, 그래도 오늘, 뼈만 남은 이 마음으로 무얼 할 수 있겠,

나 또는 너, 그리움

때도 없이 나를 몰아대는 것을
영광이라니, 개뿔
사랑이니 정열 따위 징그러운 말은 하지 말,
아프고 우스꽝스런 오늘,

라디오에서 황소가 뛰어나오든
음악 속에서 나비가 날아오르든
담배 연기가 너의 눈썹이 되든
달력의 숫자가 바퀴를 이고 가든
테이블의 바나나가 휴지를 찢어발기든
목탄에서 싹이 돋아나든
휴대전화에서 뱀이 머리를 내밀든
쓸쓸한 황소야, 슬픈 나비야, 쓸쓸한 눈썹아, 슬픈

슬프지 않은 낙원엔 가고 싶지 않,
쓸쓸하지 않는 낙원에는 가고 싶지 않,
그리움이 없는 낙원에선 정말, 살고 싶지 않,

낡은 기쁨과 싱싱한 허기
무릎 꿇을 그리움, 여기

두 입, 나 또는 너

입이 두 개인 네가 한 입으로
갈증을 삼키고 다른 입으로 쓰레기를 씹는다
갈증을 삼키는 입으로 너를 잡아들이고
쓰레기를 먹는 입으로 나를 잡아들인다, 그러나
두 입으로 동시에 나를 잡아들이거나
너를 놓지 않으면서 두 입은
공존의 방식을 지킨다

거래처에는 평화로운 음악이 없다

이 도시가 노을을 핥듯이 두 입으로
어둠을 핥으면 너의 몸은 흘러내린다
멍들고 터진 너의 몸이 흘러내릴 때
네 두 입에 제물을 올린다

오늘도 힘들었지?

섬, 나 또는 너

우우우 너는
내가 바닷가를 거닐 때
밀물, 섬에는 갈 수 없어
잿빛 하늘, 내가 섬을 카메라에 담을 때
썰물, 눈 쌓인 뻘을 핥던
혀, 바다의 부드러운
연민, 동동주 한 사발을 마시던
장난기, 섬의 엉덩이를 떠올리던
폐기된 상상

우우우 나는
네가 항구에 머물 때
원양어선, 항구로 돌아가지 않는
방치된 상처, 눈 내리는 고국이 그리운
뱃사람, 바람한테도 보이지 않은
빈 가슴, 돌아갈 수 없는
마른 돌들의 섬, 탐심을 버리지 못해
두드리는 헛말, 다시 짐 챙기는
홀쭉한 방랑

가을, 농담

창 없는 방에서 하루를 보낸 날
눈 밑이 검어져 있었지
검은 열매가 검은 꽃에서 나는 건 아니잖아
사상(思想)이 필요 없는 날들, 흐린 가을

아파트의 느티나무가 기지개를 켜도
버스 정류장의 보도블록이 꺼져 낮아져도
세탁소 아저씨의 자전거가 삐걱거려도
새 한 마리 날지 않았지, 바랜 하늘

어떤 말도 들어오지 않아 먹먹한 육신
말들은 녹이 난 깡통에 절여져
어떤 말을 꺼내도 삭아서 뚝뚝 떨어졌지
접시안개는 다랭코끼리
다리버스는 컴퓨터추석
괘종커피는 저수지붓
볼펜사탕은 사과관용
우울상자는 참새촟불
트렁크칼은 점퍼쟁기

겨울, 거짓말 4

강의 얼음 위를 걷던 하늘이 미끄러져 넘어졌을 때
강가의 앙상한 나뭇가지 사이로
강의 웃음이 하늘도 모르게 스쳐갔지

버려진 담배꽁초 위를 더듬던 웃음은 배웅 나온 딸을 차 안에서 바라보던 할머니의 젖은 눈두덩 위에 앉아 떠나갔지 이년아 어찌가튼지 어금니 깨물고 살아야 혀 정류장에 구르던 비닐봉지가 비틀 구겨진 웃음을 날렸지 사는 것은 어쩔 수 없는 아픔을 껴안는 건가 봐 엄마 우는 것인지 웃는 것인지 모를 표정이 겨울의 모든 차창을 쓸쓸하게 하였지 다른 버스가 시커먼 웃음을 꽁무니로 뿜으며 달려왔을 때 여중생들의 소란한 웃음은 전자대리점 앞을 달려가는 중이었지 더러는 차창 밖으로 빠져나와 흩날렸지

하늘이 엉덩이를 털며 겸연쩍게 일어날 때
웃을 일도 울 일도 없는 얼음 위로
새 한 마리 뒤뚱거리며 걸어갔지

겨울, 거짓말 3

사람들이 웃으며 겨울의 작은 문을 통해 들어섰어
수북이 쌓인 눈을 머리와 어깨에 얹고 들어선 그들은
가을에서 온 사람들이 아니었어

그들이 패스트푸드를 꺼내 저녁식사를 하는 동안 벽난로에서는 장작 불꽃을 흉내 낸 전기 불꽃이 날름거렸지 아무나 손을 내미는 사람과 섹스를 하고 사람들이 하나둘 덜 심심한 표정으로 플라스틱 테이블에 앉았을 때 심드렁한 남자가 한 여자에게 더러운 년이라 말했지 여자는 대꾸 대신 립스틱을 바르고 있었고 사람들은 대수롭지 않은 표정으로 담배를 피우거나 코를 후비거나 다리를 떨며 창밖을 바라보고 있었지 얼마의 지루한 시간이 지났을까 사람들이 옆 사람의 옷을 가위로 자르고 있었지 서로의 몸이 다 드러날 때까지 옷을 조각내면서 소리를 질러댔지 사랑해 반가워 닭대가리 잊어줘 떠나지마 미친개야 말을 새겨듣거나 의미를 따지는 사람은 없었지 말은 그들의 의도와 관계없었지 누구도 의미를 알 수 없게 된 말들이 사람들의 알몸과 놀아났지

사람들이 웃으며 겨울의 작은 문을 통해 들어섰어
말의 갈라져 떨어진 각질들을 온몸에 얹고 들어선
그들은 가을에서 온 사람들이 아니었어

겨울, 거짓말 2

겨울나무 하나 기침을 한다, 그렇다 아니
머플러를 입까지 올린 남자가 아니라고 한다

겨울나무 하나 두통을 호소한다, 아니다 아니
절뚝거리는 개가 전봇대 밑에 오줌을 갈기고 간다

겨울나무 하나 설사를 한다, 아니 그래
버스를 따라 뛰던 중년 여자가 멈추며 욕설을 한다

겨울나무 하나 몸살을 앓는다, 그렇 아니
날마다 점만 찍던 화가가 점을 뭉개고 있다

겨울나무 하나 콧물을 훔친다, 아니다 아니
미친 남자 혼자 허공에 대고 얘기한다

겨울나무 하나 머리가 비었다고 한다, 그렇 그렇지 않
어린 소녀가 눈물을 훔치며 지나간다

겨울나무 하나 휘청거린다, 아니 아니
떠돌이 고양이가 쉼표를 남기고 골목으로 사라진다

겨울, 거짓말 1

강남역엔 엄청난 눈발이 날리고 있었어
수다쟁이의 허튼소리처럼 난무했어
겨울엔 꿈을 꿀 수 있다고 했니?
사람들은 휴대폰을 꺼내 가로등 주위로 몰려드는 하얀 눈을
맞으며 김치이 찰칵댔지
치이즈 눌러댔지
내가 탈 버스는 오지 않았어
버스를 기다리는 동안 내내 택시를 생각했지
버스는 젖은 사람들을 싣고 떠났어
날짜가 바뀌는 시간이 지나고 다시 40분쯤 지나자
나는 재빨리 거짓말을 궁리하기 시작했지
어떤 거짓말이 이 눈보다 더 풍성할까
이 가난한 겨울보다 미끄러울까

　머리 긴 빨간 숙녀는 치킨바람
　흰 줄무늬 검은 양복 신사는 자두우박
　짧은 청치마 아가씨는 망치하늘
　검은 가방을 멘 청년은 모래나무

벌어진 점퍼 안에 가슴을 드러낸 소녀는 비닐봉지풀
카메라를 든 부츠 속 다리는 강아지공원
젖은 바지는 약속철도

난 거짓말에 당황하고 있었지
내가 생각한 거짓말은 바로 사실이 되어
어깨 위로 머리 위로 쌓이고 있었어

여름, 장난 3

그림 속의 호랑이가 조는 오후
퀴퀴한 냄새가 창문으로 넘어왔지
호랑이가 얼굴을 찌푸렸어

얼마 전 지하철을 타고 가다가 휴대폰에서 한 남자를 삭제했지. 개인전 끝내고 암으로 죽은 젊은 화가. 근데 왜 우리는 이런 따위로 죽어가니? 내리는 비를 들으면서 맥주를 마시고 있어. 언제나 내게 작별을 말하지 않는 너. 내가 널 보지 못할 수도 있니? 너는 너무 한가하게 날 대하지. 그래서 위태로워. 너의 빈 가슴에 대고 말한다. 넌 나의 정류장이야, 나의 침대야, 나의 밥이야, 나의 배설물이야, 옷이야, 자동차야, 그림이야, 산이야, 비야, 게임이야. 웃는 네 모습이 쓸쓸하다, 오늘아. 질펀한 나태가 날 잡고 일어서지 못하게 하는데 네 이마에 밤이 어리고 있다, 한잔할래?

일산역에 기차가 지나가는 오후
5일장에 나온 취객 하나 무릎 꿇고 욕설을 해댔지
눈 하나 깜박하지 않았어, 좌판의 고등어

여름, 장난 2

일요일엔 운동하러 산에 갔다가 내려와 낮술에 취했지. 노래방에서 고래고래 소리를 지르고 나와서는 시드는 것들, 그래 실내의 대나무 화분에 물을 주고 작은 화분들에도 물을 주면서 시드는 것들을 잘라냈어. 너만 시들어가겠니?

봐, 봐 저, 저 시드는 것들. 시드는 줄도 모르고 시들어가지 않니? 오늘 본 것들은 모두 시들지 않겠니. 내일이면 또 내일만큼 시들겠지. 오늘을 버리고 내일을 버리고 일주일을 버리고 일 년을 버리고 일생을 통째로 버리면 시드는 것들을 그윽하게 바라볼 수 있을까? 버릴 수 있을까?

죽은 소나무의 껍질을 발로 찼더니 껍질이 떨어졌는데 그 안에 무수한 버러지들이 허옇게 꿈틀거리더라. 거기 주검을 양분으로 새 세계가 징그럽게 치열했어. 네 시간의 죽은 껍질 안에는 뭐가 살아 있니?

인터넷에서 한 장의 사진을 봤지. 교통사고로 의식이 없는 엄마의 젖을 빨고 있는 아이. 우린 시들어가는 세대의 젖을 빨고 있는 거니? 어쩌겠니, 이 시대, 너 그리고 나. 네게도 비가 쏟아지니?

여름, 장난

여기서 보낼 날은 오늘뿐, 고맙지
오늘도 숨 쉬는 이 공원
그래그래, 종알종알
종알버찌는 파랗지
제법무상, 무슨 사상
삶은 달걀은 잠자리지렁이

네가 없어도, 자르르르 빨간
튜브물감이 미끄럼을 타지
까르르르 노란 튜브물감이
호호호호 파란 튜브물감이
헤헤 하얀 튜브물감이
모래를 파서 언덕을 만들지

공원을 천천히 걸어 되돌아와 봐도
여전히 나무만 보고 앉아 있는 할아버지
그 옆에서 졸고 있는 낡은 구두
나타나지 않는 너는 휘파람노루

청바지꽃은 하늘전화
조개지폐는 필통석양
구름가난은 숫자기차
편지여행은 달력반지

나를 먹어

사람들을 만나고 살면
나는 살이 찐다
사람들의 말, 행동, 눈빛
마음을 훔쳐 먹어서 찌는 살
사람들을 훔쳐 먹어
키득키득 달라붙는 군살
도둑보다 풍요로운 살

홀로 있을 때는
살이 찌지 않는다
나를 뜯어먹고 갉아먹고
말이나 굴리고 노는 장난
나를 놀려먹고
끼룩끼룩 아픈 배
머슴보다 빈곤한 마음

얼마나 나를
뜯어먹어야

얼마나 가지고 놀아야
얼마나 갉아먹어야
내가 없어질까
없어진 내게 웃으며
따뜻한 손을 내밀 수 있을까

내가 너의 꽁무니를

내가 너의 꽁무니를 잡았을 때
네겐 꽁무니가 없었다
네겐 뒷모습이 없었다

그러므로
꽁무니는 꼴문이 아니다
꼴문이 꼭 문이 아니다
꼭 문이 꼭 무니 아프다
꽁무니 아픈 꽂무늬가 아니다
꽂무늬는 가슴이 아프다
가슴 아픈 꽂무늬가 신발을 신는다
신발은 꽂신이 아니다
꽂신이 아닌 엄니의 신발
고무신, 잘 닦은 하얀 고무신
사춘기의 남자아이는 국화꽂을 딴다
꽂으로 제기차기를 하는 남자아이는
꽁무니가 꽂무늬였으면 좋았겠다
그래서 이제 이렇게 고쳐 쓴다

>

내가 너의 꽁무니를 잡았을 때
내 손에 꽃무늬가 없었다
꽃 한 송이 떨고 있었다

황소새는 빈 술병

나무에서 물고기
물고기에서 마른풀
마른풀에서 돌
돌의 침묵을 듣는 바람
산아, 돌아앉은 산아

무심한 산이 뒤척거려도
너는 오지 않는다
창문은 흰 찻잔
찻잔은 푸른 손수건
손수건은 노란 버스
버스는 비상하는 새

새 한 마리 눈송이로 흩날려
파닥이는 기억 하나가 고갯마루를
넘었을 때
난롯불은 사위어가고
우편배달부의 오토바이는

경운기를 앞질러간다

겨울나무는 달팽이꽃
달팽이꽃은 조랑나비
조랑나비는 황소새
황소새는 빈 술병
빈 술병은 너

그렇고 그래도 좋,

밤이 되었, 광막한 입구, 어둠이 아내와, 아니 딸(이라도 좋)과 호프집에 앉, 발랄과 우울이 앉아 서로를 달래는 테이블 옆의 뒤에서(어느 쪽이든 좋) 생맥주를 마시, 골뱅이를 먹은 어둠이 집(이 아니라도 좋)으로 갈 때는 늦은 밤, 취한 가로수와 간판, 취한 택시, 취한 가로등, 취하지 않은 아내(애인이라도 좋)를 보냈, 아니 딸(이 아니라도 좋)을 보냈, 술 취한 방으로 들어가 꿈을 꾼, 비좁은 평화, 어둠이 꾸는 꿈은 너무 미끄럽, 눈이 부시, 미간을 찌푸린 어둠이 꿈속에서는 말이 자꾸 많아졌, 전혀 다른 어둠이 된 어둠은 어둠을 질타하였, 아침이 되었, 어둠은 빈집(아내와 또는 딸이 집에 있어도 좋)에서 아침을 챙겨먹고 나섰, 발칙한 불안, 공원에 갔, 공원에는 계단 위에는 그늘을 가진 나무가 있(없어도 좋), 나무 밑에 벤치(기울어져 있지 않으면 좋)가 있, 신문을 사서 한 장을 깔고 앉(다 읽지 않아도 좋), 나른한 섹스를 포기(꿈꿔도 좋)했, 공원을 걸어도 나무(밑에 누워도 좋)와 말할 수 없, 이 도시(겸손하여 건강에 아니 좋)로 돌아섰, 불온한 출구, 밤이 되었, 빈집을 나와 광막한 입구로 들어서 하루를 시작하, 출구(가 아니어도 좋)였,

훌쩍이휴대폰은 우박똥개

창가의 분에서 자라는 항아리대나무가
쭉 뻗은 몸으로 햇빛을 향해
잎들을 펴고 스삭거릴 때
더위에 지친 버스들이 헐떡이며
국립암센터 앞길,
낮잠 자는 택시들 옆을 지난다

무슨 일도 명징하지 않은 날들
무슨 일 하나 일어나기를 기다리지도 않는
이 빌어먹을,
온당치 않은 여름

항아리대나무는 구름염소
할매TV는 마당쇠바람
훌쭉이책상은 번개처녀
선풍기의자는 쌀통천둥
먹통담배는 멧새비
훌쩍이휴대폰은 우박똥개

헛말들

의자 위로 떨어진 별

의자 위로 별이 떨어진다 둘, 셋, 넷 별들은 각기 다른 빛을 낸다 일곱, 여덟, 아홉 아무도 의자 위의 별을 보지 않는다 마흔둘, 마흔아홉 의자 위로 걷는 사람이 없는 것은 다행한 일이다

한 여자가 의자에 앉았다가 일어나 엉덩이를 툭툭 털 때 몇 개의 별들이 시멘트 바닥에 떨어졌다 별들은 여자를 원망하지도 그리워하지도 않는다 시멘트 바닥에서도 思想이 잠들 수 있는 것은 겨우 다행한 일이다

몇 개의 별들은 침대 시트에 붙어 있다가 세탁기 속에서 떨어져 강으로 흘렀다 송사리가 장난치며 놀다가 별을 삼켰다 줄무늬개구리가 삼킨 별은 푸른 뱀이 되었다 강이 흘러 바다로 가는 것은 바다에 섬이 없는 것보다 어쩌면 다행한 일이다

몇 개의 별들은 자전거 안장에서 공원의 모래 위로, 다시 아이들 손에 의해 자작나무 밑 풀숲에 떨어졌다 몇 개의 별들은 편의점에서 일하는 문학청년의 컴퓨터 자판에 끼었다 또 몇 개의 별들은 밤이 되면 붓을 챙기는 늙은 화가의 이젤에 물감으로 묻었다 아무도 별을 기억하지 못하는 것은 참 다행한 일이다

나흘, 닷새 엿새

시 한 줄 없는 날이 하루,
이틀 사흘

봄비는 봄에 온다, 저 산에
진달래는 졌더라

마당에 뒹구는 말들은
막 잎이 피는 뽕나무 그림자보다
더 게으르다

시 한 줄 없는 봄이 나흘,
닷새 엿새

말을 씹고 앉은 내 발 앞에
접시꽃 어린잎들이 파랗게
자라 있다

묻어줘 묻어줘, 접시꽃 씨앗엔

검은 눈동자
돌리는 눈알들을 여기
묻어준 게 언제였지?

2005년 10월 15일 24에서 26까지

'무슨 미친 소리인가, 나를 가지라니? 나라는 사람은 그때나 지금이나 누구에게 속해본 일이 없다. 내게는 사랑하는 아내와 아이들이 있다. 나는 단지 그들을 먹여 살리기 위해 노력하고 있는데, 그런 나를 메시아라니? 구세주라니?' '나는 누군가가 개들에게 던진 한 점의 고기처럼 느껴졌다.' '친구여, 그건 바람만이 알고 있지.' (머리가 가려워 자꾸 손이 간다)

'납으로 빚은 세상을 만났다. 상상과 기억마저도 무채색으로 덧칠되었다.' '질병과 결함, 장애는 역설적이다. 변화된 상황에 따라 새로운 조직과 질서를 탄생시키며 마이너스를 플러스로 상쇄한다.' '붕대를 풀고 소리가 나는 쪽으로 고개를 돌렸을 때 나를 맞이한 것은 안개였다.' '나는 이제 빛으로 이루어진 눈부시고 어리둥절한 세계를 떠나도 좋다는 허락을 받고 본래 자리로 돌아갔다. 50년 동안 집과 같았던 정든 그곳으로, 기꺼이…' (아무래도 오늘을 그냥 지낼 순 없어)

'그렇다면 닭이 말하지 않았다고 할 수 있습니까?' '인간의 마음은 죽음 앞에서 상상력의 좌절을 경험합니다. 하지만 동물들에게는 소멸을 이해하려는 노력, 그걸 이해하는 데서 생기는 좌절감, 그걸 정복할 수 없는 데서 생기는 좌절감이 없습니다.' '나에게 소설은 사유의 한 형식이었다.' (이제 신문 치우고 머리를 감아야겠어)

새

외출하려는데 포릉 새 한 마리 집 안으로 날아들었다 연갈색의 작은 새, 쫓아내려 해도 피할 뿐 문밖으로 나가지 않았다 하는 수 없어 문을 닫고 서울에 갔다 서울에선 엘리베이터 안까지도 새소리가 따라다녔다 며칠 만에 돌아와 새를 찾으니 새가 없다 방문 앞과 부엌에 하얗게 마른 똥이 있었지만 새는, 새의 주검은 없었다 날마다 집 안 구석구석을 뒤졌으나 빠져나갈 곳도 없었고 깃털 하나 보이지 않았다

잠들면 추락하는 꿈을 꾸거나 몽정을 했다 젖은 팬티를 세탁기에 던지면 포릉 새소리가 났다 볕에 앉아도 갈비뼈 사이로 바람이 지나다녔다 바람에 실려 휘청거리며 다녀야 했다 그렇게 나는 가벼워져갔다

양말을 버리는 즐거움

룰루랄라 즐거이
양말을 버린다

걸어다닌 만큼 닳아진 양말
몸의 무게가 실린 만큼 얇아진 두께
뒤꿈치를 비치게 하고
발가락이 나올 구멍을
순순히 허락한다

세상과 만나면서 얇아지고
세상과 부대끼며 탄력이 빠진
양말은 낙관적이다

해진 양말을 쓰레기통에 던지면
훅 번지는 쾌감
양말은 나를 배반하지 않으므로
즐거이 양말을 버린다

실상사 나오는 길

돌들을 쓰다듬으며 흐르는 물살을 보다가 그만,
해탈교를 건넜다
해탈교 지나 돌장생,
돌장생 지나 실상사,
실상사 지나가는 헛헛한 바람

실상사 나오는 길, 느티 아래 돌장생, 돌장생 옆에 벤치, 벤치 앞에 할머니, 할머니 앞에 꿀통과 옥수수, 그 옆에 유모차, 유모차에 어린아이

꿀 하나 사가씨요, 잘해 드리께요
이 애는 몇 살이에요?
십사 개월인디 말썽이라 할아버지가 죽어나지
요 울긴 또 얼매나 우는디요
애 아빠는 일 없이 놀고, 엄마는 편의점에 품팔이
간다지만 세상 알 바 없이 잠자는 아이, 평온도 무량
평온이다

실상사 나오는 길,

느티나무 아래
세상이 궁금해 눈 뜨는 돌장생,
그 옆에 무심히 잠자는
어린 부처

그 애, 그리고 나

핏기 없는 나에게 그 애가 나타났다
열일곱에 나는 멀찌감치 애를 태웠다
나와는 다른 종족만 같아 저 밖으로만 아득하였다
그 애를 보러 성당에 갔지만 안 보는 척했다
성당의 종소리가 덜 성스러웠다
그때부터 나는 더없이 가난하였다
누구에게도 말할 수 없는 것이 되었다
그렇게 내 십대는 우습게도 창백하였다
쓸쓸하지 않은 사물이 없었다
쓸쓸하지 않은 풍경이 없었다
스무 살엔 꿈을 챙겨 서울로 갔다
빈대 많은 방에서 응답 없는 편지를 몇 개월 썼다
몇 여자를 만난 이십대 후반까지도 언뜻 그 애가 생각났다
삼십 초반 고향에 갔다가 먼발치서 그녀를 보았다
시린 물이 가슴으로 스미는 걸 느꼈다
가자 이 촌놈아, 그녀가 서 있던 곳을 보다가 돌아섰다
그렇게 저만치 남겨둔 게 다행이었다
이제 그녀 앞에 영영 서지 못할 것이다
나는 아스라이 빛나는 슬픔을 쓰다듬게 되었다

신발

노란 은행잎 속에 붉은 입술
붉은 입술 속에 하얀 치아
거짓말

혼자 걷는 길
길을 덮은 은행잎
광화문, 비 내리는 광화문

노란 은행잎 속에 검은 구두
검은 구두 위에 검은 스타킹
간음
노란 은행잎 속에 분홍빛 편지
편지지 위에 흐르는 강줄기
이젠

광화문, 비 내리는 광화문
언젠가 같이 걷던 이 길
밟히는 은행잎 밑에 시퍼런 바다
가라앉지 않는 내 신발

화해

그가 온다
왜 나는 바라보기만 했나

가방 하나 들고 오는 처진 어깨
표정 없는 야윈 얼굴
굳게 다문 야윈 입술
소실점 너머로 향한 시선
바람 부는 길 휘청거리며 온다
그러나 좁혀지지 않는 간격
당신은 누구요?
나는 당신이요
다가가지 않았다
(당신 같은 나는 없소!)

오늘은 그를 맞는다
그를 향해 손을 내밀자
성큼 좁혀진 간격
머뭇거리다가 내 손을 잡는다

말없이 펼쳐 보이는 가방
내가 품고 사는 것들
버리지 못한 악습
과욕의 목록이 빼곡하다
(불편한 자식!)

그가 온다
내가 혼자일 때만 온다
왜 여태 바라보기만 했나

흐린 날의 회화

회색 바탕에서 희미한 선들이 꿈틀거린다
표정 없는 얼굴이 떠오른다
코에서 구더기가 나오지 않는다
기억이 과거를 견디지 못해
하얀 물감으로 얼굴을 뭉갠다
웃을 수 없는 얼굴은 웃지 않는다

두 개의 얼굴, 셋, 넷… 여덟, 아홉
아홉의 얼굴들은 서로 사랑하지 않는다
얼굴 하나 독한 술을 마시지만
사랑도 없이 배반도 아니한다
평온하게 바라본다

하얀색은 푸른 회색의 살을 더듬는다
상념에 잠겨 있던 회색은 알 수 없는 표정이 된다
뭉개진 흰색 속에서 웃는 소리가 난다
몇 개의 얼굴 혹은 형상이 흐려진다
선이 흔들리고 여체가 일그러진다

>

덧칠해진 물감들 속에서 중얼거리는 소리가
그치지 않는다
덜 감춰진 선들이 희미하게 깊어진다
지워진 흔적과 그 위에 흔들리는 형상들이
다시 몸을 섞으며 웅성거린다
기억은 절망하지 않는다

너와 나 사이에 비가 내린다

화요일 밤 책상 앞에 앉아 있던 너와 일요일 밤 강변에 앉아 있는 나
사이에 비가 내린다

강원도 산골에 쓰러져 죽은 광인의 넋과
貧者의 처마 밑에 찾아와 집을 짓는 새 사이에

종소리 따라 성당 근처로 거처를 옮긴 노숙자의 덮개와
담 밑에서 노랑머리 인형의 배를 갉아 파내는 쥐 사이에

서러운 눈발을 헤치고 완행열차를 탄 촌놈의 상경담과
마을회관 옆에서 궁둥이를 맞대고 낑낑대던 개들 사이에

이른 새벽 잘못 걸려온 전화 술 취한 여인의 목소리와

동네를 도는 트럭의 건어물 장사 소리 사이에

비가 내린다 이 풍경들 속에 숨을 수 없는 강, 내 상념의 언저리에 스민 그리움
사이에 궂은비가 내린다

십이월에 바다로 떠난 너와 사월에 강변을 서성이는 나
사이에 비가 내린다

너를 그리던 날들

아무것도 할 수 없어 샌드백을 때리며 지냈다
어디 있어?
내 첫 독백은 서리 내린 담장 위에 하얗게 달라붙었다

낯선 도시의 시장이나 골목을 헤매다 돌아오면
쓰러질 때까지 샌드백을 때렸다
산에는 얼음 폭포가 조금씩 커지고 있었다
어디 있어? 바로 곁에서 네가 듣고 있을 것 같았다
그때마다 흘린 내 말은 얼음 폭포에 달라붙었다

어디에도 있고 어디에도 없다
너를 만났다는 이가 그렇게 말했지
찾을 것도 없고 찾지 않을 것도 없는 것이냐
말없는 샌드백을 사정없이 밀어붙였다
오기를 부리다 샌드백에게 얻어맞았다
샌드백을 때리지 못하고 껴안고 있었다
내가 때릴 때마다 나를 때렸던 샌드백
내 안의 얼음 줄기 하나 부러지는 소리

창문에 핀 성에를 입김으로 녹이다 잠들었다

창문의 성에를 긁어 그려보는 너
서걱서걱 내 안에 날리는 얼음 가루
남으로 창을 하나 내야겠다

부드러운 명멸

빗속에 서 있다
새벽 속에 서 있다
도시 속에 서 있다
이 도시의 도로 위에 새벽 속에 빗속에
나는 흔들리는 윤곽으로 젖고 있다

흐르는 빗물 위에 나를 던진다
던져진 나는 핑계를 대다가 흘러간다
빗속에 어젯밤과 새벽이 흐른다
내 고향과 도시가 섞여 흐른다
경계를 지우는 것은 비가 아니다
나는 비를 던지지 못하지만 비는 나를 던진다
카페가 나를 던지고 사라진다
가로수가 친구들이 택시가 사라진다
마로니에공원이 사라지고 못 지킨 약속이 사라진다
한밤중 술 취해 전화하던 첫사랑이 사라진다
우울한 책상이 나를 던지고 사라진다
예매한 기차표가 내일이 사라진다

>

사라진 것들은 망연한 표정으로 나타난다
이 도로가 새벽이 내 윤곽이 빗속에
나타났다간 망연히 사라진다

말

이제
쉽게 무너지는 모래탑을
쌓으리
무너지면 쌓고
무너지면 또 쌓으리
쌓는 일이 즐거워질 때까지
무너지는 때가 한층 가벼워질 때까지

탑의 형상에서 거듭 무너지며
차츰 집착을 버린 모래들은
암, 가뿐할 테지?
한 톨의 모래알로 돌아가게 하는
중력 앞에서 고요히
기뻐할 테지

詩야, 안녕?

외로움의 이빨

모두들 떠나가
찾아올 누구도 없는
어떤 일도 생기지 않는
이 추운 계절

사람의 발자국 소리 듣고 싶은
귀신이라도 보고 싶은
이 적막한 밤

찬밥 덩어리
물에 말아 씹는다

오늘 당신을

비에 젖는 저녁 무렵
창문 밖 헐벗은
시멘트 난간 위에서
비둘기 한 마리
젖은 몸을 터는데
길 건너 짓고 있는 아파트
젖은 사각의 구멍들
그 검은 구멍에 비치는
희미한 얼굴, 아아

당신이 늘 제 곁에
오시는 걸 잊고 있었어요
아직 영광이 아닌 주린 몸
오늘은 좀 쉬세요
가지 못한 길들은
개어 놓으시고요
제 길이 당신의 길과 처음 어디쯤
이어져 있는 걸 느껴요

돌아설 수 없는 길 다시
단추 잠그고 나선 오늘
고단해도 참을 수 있어요
쓸쓸해도 참을 수 있어요
맨정신으로 설 수 없었던 당신
당신을 생각하는 것만으로도
힘이 나니까요

사월의 밤

눈을 감으면
덩굴이 천장을 덮는다
어둠과 고요 속에서
덩굴은 꿈틀거린다
어둠이 배어나는
덩굴과 검은 잎사귀
사월의 밤은 집요하다
스르르 몸을 뻗는 덩굴
덩굴에 비늘이 있다
엉키고 엉킨 뱀들이
혀를 날름거린다
나는 웅크려 사타구니를 움켜쥔다
잎사귀 사이의 느린 움직임
속의 순간적인 변신
뱀은 멈추며 덩굴이 되고
덩굴은 뻗으며 뱀이 된다
천장을 덮고 꿈틀거리던
뱀들이 동시에 입을 쫙 벌리고

혀를 날카롭게 뻗는다
어둠이 움찔 흔들린다
혼절하는 어둠
내 등이 축축하게 땀에 젖는다
천장에 금이 가고 갈라지며
틈새에서 몇 마리 뱀
스르르 나와 알을 깐다
어둠이 넓은 잎으로 알을 감싼다

머뭇거리다가, 안경알을 닦다가,

맞은편의 최 형과 박 군은 유 선생을 사이에 두고, 맞아 박 군이 격한 어조로 말할 때 최 형이 각진 턱을 지나치게 치켜들었어 나이 많으면 다 선배니 무조건 존경해야 한다고 했던가? 존경해야 하냐 했던가? 저쪽의 이 형은 술잔을 쳐다보며, 흐르는 것이 있다? 껍질들이 어떻다? 말이 들려야지 젠장! 이 여사와 마주앉아 침을 튀기던 김 선생이 내 어깨를 치며, 아, 조 형 얘기 좀 해보시우 탤런트 오 양이 그럭한 걸 어찌 생각하우? 아 네, 그 글쎄요? 포르노 찍었다는 그 오 양 말인가? 이 양반도 그런 걸 보셨나? 왜 나는 술이 취하지 않나? 내일은 월세를 내는 날인데,

따닥, 유 선생이 젓가락으로 탁자를 내리쳤고, 내 왼쪽의 마 여사와 안 양이 잠깐 그쪽을 쳐다보았지만 둘만의 화제로 곧 돌아갔지 아니, 모두들 재빨리 그랬어 그러니까 니들 말이야, 유 선생은 고추장이 묻은 두툼한 아랫입술을 야무지게 이빨로 깨물더니 사나이답게 손을 잡아! 좀스러운 학번 때려치우고 말이야 요즘 참, 그런데 왜 나를 보며 말하나? 이 형은 김 선생과 이 여사의 오른쪽에서 안주 아니, 잔을 비우는데, 사고방식? 문제가? 고인 물이? 그렇하다? 그르다? 고개를 끄덕이며 중얼

중얼, 그런데 저 방울 소리는 대체 어디서 나는 거지?

카키색에

브라운이 약간 섞인 바바린데, 벨트로 루즈한 주름을 타이트하게 조여줄 수 있게 디자인된, 마 여사의 수다가 침이 마를 때, 안 양은 패션 감각을 살려야 가을이 풍요하게 된다 했던가? 백화점을 살려야 계절이 중요하게 된다 했던가? 대체 나는 왜,

500cc

생맥주 잔을 잡는 마 여사의 떨리는 손을 바라보다가, 김 선생의 화제에 오줌을 참다가, 최 형의 폭발하지 않는 거만한 표정을 보다가, 말을 오물거려 삼키는 이 형의 여린 입술을 보다가, 이쪽 말에 기웃거리다가 아니, 저쪽 말에 머뭇거리다가, 검은 안경테 속에서 번들거리는 유 선생의 작은 눈을 보다가, 안 양의 머리카락 사이로 나온 붉은 손톱을 보다가, 눈을 비비고 안경알을 닦다가, 색점이 잘게 박힌 김 선생의 회색 넥타이를 보다가,

쥐양이

나태하여 몸이 허약한 서울의 암고양이가 홀로 낮잠을 자고
있는 동안 쥐들이 암고양이를 습격하였다 한 달 전 고양이에게
쫓기다가 막다른 골목에서 극적으로 도망쳐 살게 된 보일러실
꼬리 잘린 도망쥐로부터 고양이 그거 별거 아니더란 무용담이
꼬리에 꼬리를 물고 퍼지면서 나중에는 고양이를 물어뜯고 혼
내주었다고 부풀려져 고양이를 넘보기에 이른 것이다

스물일곱

마리의 힘센 쥐들이 쥐답지 않게 정면 대결에 나서서 암고양이를
납치해 오자 우두머리 쥐가 강간하였다 그 암고양이를 호기심
많은 놈들이 순번을 정해 이놈 저놈 올라탔다 얼마 지나 새끼들
이 태어났고 암고양이는 살해되었다 열세 마리 쥐양이는 이렇게
태어났다

고양이와 쥐의 중간 크기쯤 되는 이놈들은 쓰레기더
미를 뒤지거나 개밥을 훔쳐 먹을 때는 쥐와 다를 바 없었지만 담
장에서 뛰어내릴 때는 고양이 못지않은 유연한 착지 솜씨를 보
였고 빨랫줄에 집게로 집어 걸어둔 조기를 낚아챌 때도 쥐들로
선 상상도 못할 점프를 하였다 쥐를 잡아먹고 피 묻은 입으로
대드는 쥐양이를 고양이들도 조심하게 되었다

그리하여 도시의 한 블록 안에서 쥐양이는 쥐들 위에 군림하는 세력이 되었다 서울고양이들은 쥐 단속령을 내리고 더욱 쥐 잡듯 쥐를 잡았고 쥐들은 먹는 일보다 더 열심히 교미하여 번식하였다

쥐양이들의 낯 뜨거운 쌍쌍 파티가 벌어지고 있는 동안 늙은 쥐들이 멀찌감치 앉아 소시지 막대를 갉아먹으면서 요즘 애들은 참 막돼먹었어! 어쩌다 저것들을… 그래도 우리 후손이니까 모르긴 몰라도 조상 모실 날이 있을 거야 야근야근 쩝쩝거리는 것이었다

아무렇지도 않게

아무렇지도 않게
노랗게 은행잎이 물들고
아무렇지도 않게
비린내가 김포대교에 기어오르고
아무렇지도 않게 하늘이 투명하고
갑자기 자동차가 움직이지 않고

아무렇지도 않게
창가의 화분에서 죽순이 솟아오르고
아무렇지도 않게
볼펜에서 잉크가 나오지 않고
아무렇지도 않게 환풍기는 돌아가고
책상 뒤 벽에 금이 가고

아무렇지도 않게
매일 매일 밤이 더 깊어가고
아무렇지도 않게
어제 일이 전혀 생각나지 않고

아무렇지도 않게 하얀 꽃이 불쑥 피어나고
상심한 남자는 살찌며 죽어가고

허공에 던지는 낚시

유리창과 창턱을 때리는 빗소리를 들으며 나는 창가의 침대에 누워 있다 눈을 감고 빗소리를 듣는다 빗소리를 들으며 나는 작아진다 점점 작아지면서 다리의 통증, 아니 다리가 사라질 때 하나의 점이 된다 점이 되어 어두운 하늘로 빨려 오른다 내가 결코 닿을 수 없게 하늘이 한없이 깊어 몽롱한 잠에 든다

구더기를 잡아 낚싯바늘에 꿰어 던진다 컴컴한 물엔 아무것도 살지 않을 것 같다 여기서 구더기로 무얼 잡을 수 있을까 생각하자마자 컴컴한 물은 빗소리를 내면서 사라진다 그대로 허공이다 내 몸을 기어다니는 구더기는 어디에서 나오는 것인가 낚싯대를 당기어 다시 구더기를 꿰고 던진다 그대로 컴컴한 허공, 나는 허공의 깊은 곳에 낚싯대를 드리우고 가라앉고 있는 점이다 구더기가 내 몸을 남김없이 파먹도록 그냥 두어야 한다 낚싯대를 잡은 채 스르르 나는 무너진다

겨울비는 티격태격 창문을 때린다 빗소리를 들으며 누워 나는 생각을 파먹는 구더기를 생각한다 그래 마음속의 구더기, 잡힐지 모르지만 다시 허공에 낚시를 던진다 현실 같은 꿈이 미끼인가 꿈같은 현실이 미끼인가

즐거운 구멍

시립도서관 정기간행물실에서 월간지를 가져와 열람 테이블에 앉는다 맞은편에서 쿡쿡 웃는 소리가 난다 우윳빛 얼굴의 소녀가 볼을 붉힌 채 입을 가리고 책을 본다 금세 웃음이 손가락 사이로 터져나온다 젠장, 웃음이 저리도 싱그럽다니? 못 본 척 책을 보는데 저절로 웃음이 난다 쿡쿡쿡 소리 날 때마다 나도 따라 소리 죽여 웃게 된다 도서관을 나오니 막 피기 시작한 붉은 장미꽃 한 송이가 주차장 옆에서 소리 없이 흔들리고 있다 거참, 이상하지? 그 소녀 웃는 얼굴이 떠올라 자꾸 웃음이 난다 나중엔 지나가는 택시를 보고도 실실 웃게 된다 마음에 구멍이 뚫린 것인가? 생의 무게가 가뭇없이 빠져나가는

헛기침

사람들 앞에서 나를 소개해야 할 때면 참 당혹스러워요 나는 나를 말할 수 없기 때문이지요

시골에서 막 상경하여 친구들 사는 방에 빈대 붙어 살았는데 밤마다 빈대 때문에 소란을 피우곤 했다 시골에서도 사라진 빈대를 서울도 한복판, 을지로에서 빈대로 살며 만나다니… 불을 끄면 빈대 세상이어서 몸을 긁적이며 잠 못 이루다가 친구들과 모의해서 동시에 일어나 형광등을 켜면, 빈대들은 잽싸게 숨어버리고 기껏해야 한두 마리 방바닥에 납작한 껍데기로 피 터져 죽었다 우리들은 죽은 빈대를 보며 낄낄대다가 숨은 빈대들에게 '이 빈대 새끼들 두고 보자'며 戰意를 다시 다졌다

나를 소개하려 일어서면 잡히는 건 껍데기, 그래요 말할 수 있는 건 죽은 껍데기일 뿐… 활기는 나를 깔고 앉아 유유히 숨어 있는 거 같아요 아시나요? 몸뚱이의 그 막막함

이름 석 자를 말하고 나면 빈 머리에 바람조차 멈추지 않아요 자꾸만 헛기침을 하게 되지요 껍데기만 붙잡는 나, 그래요 나라는 놈이 이런 나를 지켜보며 한심해하는 거 같아요 지루해서 내는 하품으로 나를 긁어대는 탓일까요? 갈수록 헛기침, 헛기침을 더 하게 되지요

배고파

아니 아니 안 고파 아니 막무가내 배고파 아 그 어린애 충격적인
TV보도 온몸의 피멍 든 상처를 보았 송곳으로 찔린 발 그 퀭한
눈 그러니 난 배고픈 게 아니 아니 그래도 내 배는 고파 과자가
먹고 싶대잖 장난감을 뺏겼을 때 이빨 가는 거 보았? 말라붙은
입가죽이 굳게 닫히며 머리통이 떨리던 殺意 짐승의   그것 내
머리털이 주뼛 일어나 행동으로 옮겨지지 않는 그게   더 무서
우 그래 좀 참아보는 거 좀더 참아보는 돈이   없어서 밥
못 먹는 거 아니잖 게을러서 그렇 담배는   니코틴을 주고
니코틴은 내 피 속에서 노예근성을 양육   하나니 아 내 피
는 나를 길들이 나는 담배의 노예 점액질   해장국 죽음 감
상용으로 사온 소의 해골 그 이빨 몇 개   내 서랍 속에서
뒹굴 시래기와 선지는 내 고픈 배를   채우 그러면 맛있는
담배가 될 텐 아니 들이마실 텐   어지러 속이 메스꺼 장
난이 사람들은 장난하 지겨운   장난 각본? 하긴 각본
이 있으면 더 징그럽 이런 나?   나도 장난 즐거운 아니
슬픈 아니 우울한 아니 짜릿한   아니 아니 짜릿한 건 싫
무서우 무서우면 술을 마셔보   무섭지 않 두려움 없는 상
태는 더 두려워 짐승의   그게 나타나 광폭해지 난 아무
것도 아니라고 아침마다   중얼거려야 할 거 분노가 없어지
정말 그럴? 더욱 분하지   않을? 그 애 누나도 그렇게 굶겨 죽
여 담장 밑에 묻었더   그 애는 누나처럼 그렇게 죽어가면서
아빠와 계모가 저지르   는 살육현장을 지켜 보 본능 아니 생
각 아니 감각이 없었으   아니 아니 배고프지 않았으면 이따위
중얼거리지도 이렇게   참는 장난도 하지 않았을 텐 이젠 밥을
먹을 수조차 없을   거 같 그래도 간섭없는 중얼거림은 편 잠들
게 할? 잠은 오지   않 내 영혼은 습기에 민감 이렇게 비오는 날
엔 한지처럼 눅눅 G선에 스민 습기 있는 저음 ㅎㅎㅎ 영혼이 귀
로 듣? 호우주의   내 영혼에 내려진 호우주의보 이미 젖어 있 물
이 떨어질 만큼 G선에서 떨어지는 물방울 생각하는 건 배고픈
걸 참는데 도움이 안 배 고 ㅍ

부끄러워 털이 자라네

부끄러워
부끄러워
털이 자라네

팬티 속에서 치모는 은밀하게 자라고
—치모가 없는 뱀은 부끄러움을 모르지
　거짓도 모르지 위선도 모르지 뱀이 부러워라
손의 죄악 몰래 감추니
날개는커녕 겨드랑이 털이 자라네
뱉어내는 말들이 부끄러워 콧수염은
자꾸 자라 입을 덮으려 하네

잘라도
잘라도
털이 자라네

머릿속엔 부끄러운 생각이 얼마나 많기에
머리카락은 이렇게도 무성히 자라는가

한 가닥씩 들추어 다듬어야
겨우 깊어지는 생
뻔뻔히 살려고 털을 자르네
아, 털에 덮인 오늘
가닥도 안 추리고 털을 자르네

부끄러워
생이 부끄러워
털이 자라네

나는 왜 이따위로 생겨 먹,

아니 아니, 왜 그따위로 생겨 먹, 아니 이따위나 저따위나 그따위나 어쨌거나 생겨 먹, 씨팔 정작 신중해야 할 땐 대충 넘, 적당히 넘어가도 될 일에는 끙끙거, 참을 일에 지랄염병 방방뛰, 화나는 게 화나고 그런 내가 우습, 우스운 존재라는 사실에 힘빠, 울다 웃고 울, 가엾구나

시도 때도 없이 부드러운 아니, 격렬한 아니, 그렇게도 허망한 아니, 어쨌거나 섹스를 꿈꾸, 게으르게 마루에 누워 파리 소리를 들으며 잠들고 싶, 비열한 치사한 가면 쓴 점잔 뺀 니 얼굴이 누런 건 똥물이 배어나는 탓이, 고상한 아름다움은 니 몸 어디에도 없, 이 화상아

하찮은 自足의 동정, 허드레 感想, 하품할 때 나오는 눈물, 그래 이런 횡설수설이 너, 임마 도대체 왜 그따위 등등으로 생겨 먹, 그래 넌 그렇고 저렇고가 아닌 등등, 말머리나 말허리에도 못 붙는 설명대상이 아닌 말꼬리에 붙는 기타 등등, 점심 먹고 이 쑤실 때 이빨에 낀 음식 찌꺼기, 어쨌거나 넌 그따위 등등이, 고소하, 이 등등, 좀 더 후련한 소리를 찾지 못해 안타깝, 이런 안타까움 들쑤시는 조급함, 이런 게 너야 새꺄 니 가슴에 일렁이는

어쩌

다 너는 너를 뜯어 씹는 이런 머리통이나 굴리, 우라질 놈의 머릿속, 가능하다면 네 뇌를 꺼내 깊은 계곡 물에 잘 행궈 넣고 싶, 으으 알다가도 모를, 신나다가도 우울할 피곤할, 너를 생각하면 두통이, 불결한 화두, 하아얀 여백 하나쯤 숨겨두고 싶지 않, 왜냐고 묻, 말 하나 똑바로 못하게 생겨 먹, 들리느냐? 느끼느,

TV를 켜다가 아니, 바람이나 쐬려고 구두를 신다가

TV를 켠다 채널을 돌리다가 끈다 담배를 피운다 물을 끓여 차를 마신다 바람이나 쐬려고 구두를 신는다 구두가 제 모습이 아니다 오물과 찌든 때를, 구두를 닦는다 다른 구두도 꺼내 닦는다 그래 흔적들은 고집이 세지 바닥을 쓸고 대걸레로 닦는다 손걸레로 TV를 닦고 오랫동안 아무도 앉지 않았던 구석의 의자도 닦는다 물건들이 왜 이리 빨리 먼지를 쓰는가 오디오와 스피커도 닦는다 선풍기를 닦는다 분해해서 날개도 닦는다, 닦는다 낡은 말들을 뱉으며 먼지 속을 달려왔지 나는 먼지 속에 있어 아니, 없어 아니, 아니 책상 위를 닦는다 스탠드 등을 닦고 자명종을 닦는다 자동응답전화기도 닦는다 자동응답전화기가 말한다 네 조병완입니다 저는 지금 여기 없습니, 버튼을 눌러 끄고 다시 닦는다 재떨이를 비워 닦는다

샤워를 한다 먼지를 쓴 머리를 감고 양치질을 하고 길게 자란 손톱을 깎는다 발톱도 깎는다 하찮은 것들은 빨리도 자라지 낡은 것들은 젠장, 친숙하게도 나를 잠식하지 거울을 닦는다 입김을 불어가며 닦는다 거울 속의 남자는 낡았다 닦을수록 남자는 더 낡아진다 낡은 남자는 손을 뻗어 내 손을 닦는다 입김을 부는 내 입으로 그의 손이 들어온다 입을 벌린 채 몸을 맡긴

다 팔 속으로 갈비뼈 속으로 폐 속으로 손은 빠르다—대장 속을 고환 곳을 머릿속을 가슴속을 닦는다—아니, 느리다 탈진한 나는 누워 담배를 피운다 폐부를 거친 담배 연기는 환풍기를 통해 몽롱하게 밖으로 빨려나간다 느린 전화벨 소리가 멎고 어렴풋한 소리가 들린다 네 조병완입니다 저는 여기에 없습니다 먼지들…

醉生

첫 잔은 심심하여
좀 취하면 이대로 살고파
더 취하면 취한 채 죽고파
더욱 취해서는
어쩔 수 없어
젠장, 젖어서 마신다

그런 사람이 아닌
이런 사람만
그런 세상이 아닌
이런 세상만
찢긴 소매를 또 잡아
취한 마음을 헛잡아

안개 속 저만치서
잘도 달아나는 너
숨을 테면 숨어 봐
천 길 물속에라도 숨어보라지

나는 무너진다

생선 장사 아줌마의 때 낀 손톱에서
길바닥을 기며 구걸하는 남자의 끌려가는 하체에서
빌딩 너머 물드는 노을에서
골목 끝까지 파고드는 사이렌 소리에서
아내가 사준 새 운동화의 냄새에서
나는 무너진다
깎여 드러나는 과일의 속살에서
꼼짝없이 선 시곗바늘에서
외투의 떨어진 단추 자리에서
오디를 따먹는 까치의 검은 부리에서
꽃을 피우고 흔들리는 금낭화에서
터트려지는 봉선화 씨앗 주머니에서
무너지고 무너진다

내가 나일 때마다
나는 스르르 무너진다

우체국 직원 김씨

김씨가 휘청거리네
연거푸 소주를 털어넣는 그의 눈은
노을 진 강물이네
말없이 외출이 잦던 아내가
미안하단 말 쪽지에 남기고 가출했다고
마른 소리로 말했네
가뭄에 논바닥 갈라지는 소리 들려
나도 말 못하고 술만 마셨네
젊은 남녀가 허리를 껴안은 채 들어설 때
우리는 포장마차에서 나왔네
전봇대는 우두커니 하늘을 찌르고 섰네

아내와 어린 딸, 허리 굽은 어머니와
꼬박꼬박 월세 내며 박봉을 투덜대지만
저녁노을을 좋아하는 순진한 가장
핏기 없이 살지만 휘파람 맑게 부는 사람
김씨가 휘청거리네
이제 막 처음으로 술 취한 사람처럼 휘청거리네

>

공원에는 우리보다 먼저 달이 와 있네
말없이 휘청거리는 우리 앞에서
것 봐 것 봐 거기 살면 그래
달이 비죽거리네 지딴 놈도
먹구름이나 헤치며 살면서

나이트클럽 종업원이던 내 친구

그의 시신을 묻고 술 좋아하던 새끼 취해나 가라 꺽꺽대며
무덤에 술을 뿌리고 돌아오던 날은 모두 젖어 있었네
　간간이 떠오르던 그
　금세 웃으며 올 것 같던 그
　생각하면 마음 아파 잊고 싶던 그
　시골 초등학교 졸업하자 상경한 그
　어릴 땐 다방에서 잔심부름했던 그
　커서는 나이트클럽 종업원이던 그
　내가 상경하여 촌티 나는 스무 살 무직자일 때
　재워주고 먹여주고 용돈 주던 그
　담배 가르쳐 준 그
　불쌍한 사람 보면 그냥은 못 가던 그
　남의 슬픔 보면 눈물 많던 그
　친구들에게 밥 사주고 술 사주는 게 즐겁다던 그
　식구들 뒷바라지로 장가갈 틈도 없었던 그
　늦장가 신혼 몇 개월에 과로로 쓰러졌던 그
　하얀 시트에 덮여 평화로이 의식 없던 그
　바쁜 나날 속에 조금씩 흐려지던 그

지난날같이 살던 친구들 만나 술을 마셨네
사는 일 살던 일 얘기하며 술을 마셨네
　　서로 약속한 듯 화제 삼지 않던 그
　　취해 혼자 돌아오던 길에 나타난 그
　　어깨동무하고 같이 취한 그
　　한잔 더 하자던 그
　　촌놈들 한 방에서 살던 을지로 시절을 그리던 그
　　남한산성 장춘단공원 장위동 치악산 홍은동 대구
　　같이 쏘다니던 곳들을 회상하던 그
　　촌놈들 잘 살아야 한다며 울먹이던 그
　　택시 정류장에 서서 손 흔들며 멀어지던 그
새벽녘 집 근처에서 토하던 나
보도블록 위에 손가락으로 쓴 말, 사랑

나의 뜰

지겨운 酷寒이
끝내 발악하다
허옇게 얼어붙은 태양은 냉기만 토해내고
시퍼런 칼바람이 난도질하다
매화나무 척추가 꼬인다
영양실조를 앓던 北向의 가지는 이미 감각이 없다
어금니에 힘을 주며
花意를 삼킨다
몸통 곳곳에 옹이가 생긴다

이 혹한의 시절을 겪고 마침내
고통만큼 하얀 매화꽃을 마악
피우기 시작할 때는
더는 못 참아 꽃봉오릴 터트리고 말
아
울고 싶도록 찬란한 그때는

내 뜰은 또 한 번 몸살 앓을 거다

나무들이 아팠던 관절마다 새 잎을 내밀면
뼈 시린 기억조차 신명 날 거다
풀들은 춤사위로 뿌리 뻗을 거다
묵은 고름 다 터져
새살 돋을 거다

옴니버스 회화

어둠 속에 검은 사람이 실루엣으로 하나둘 나타나자 건물들의 틈새에서 여럿이 일시에 나타난다 민첩하다 몇몇이 귀엣말을 주고받고는 움직임이 없다 하나가 다른 하나를 가리키며 무어라 말하자 여럿이 하나를 에워싸고 칼을 꺼내 찌른다 찌른다 찌른다 소리 나지 않는다 숨죽이며 속삭이던 때처럼 은밀하다 막 빛에 드러난 바퀴벌레처럼 순식간에 모두 사라진다 검은 피가 흥건히 어둠으로 번진다

운동장처럼 깎여진 공사장은 비어 있고 근처에서 여자아이 두 명이 네잎클로버를 찾고 있다

공원 구석의 벤치에는 한 남자가 앉아 있다 그의 흰 재킷과 엷은 바지에 눈부시지 않을 정도의 햇빛이 내려 닿고 있다 가방 옆에 다리를 꼬고 앉은 남자는 사타구니 위쪽에 두 손을 모은 채 생각에 잠겨 있다 잠자리 몇 마리가 주위를 날다가 두 마리는 벤치에 한 마리는 그의 왼쪽 가슴에 앉는다 남자는 가슴에 달라붙은 잠자리를 내려다본다 잠자리는 꼼짝도 않고 입만 움직인다 벤치 밑에는 잘게 부서진 자갈이 붉은 흙에 상처의 딱지처

럼 박혀 있고 몸이 굵은 개미들이 바삐 움직인다

오물이 걸려 반쯤은 막힌 하수구에서 시커먼 물이 흘러나오고 있다 젖은 쥐 한 마리 나와 느리게 기어간다

버스 정류장에 시외로 나가는 심야버스를 기다리는 사람들이 띄엄띄엄 서 있다 셔터를 내린 속옷 가게 앞 시멘트 계단 옆에는 술 취한 젊은 여자가 앉아 가랑이 앞에 토하고 있다 토사물은 질펀하게 넓어져가고 그녀는 웩웩거리다가 간간이 조용하다 등에 멘 색은 밑으로 처져 있다 사람들이 그녀를 물끄러미 보다가 돌아선다 버스가 서자 두 사람이 올라탄다 그녀의 입에서 또 한 번 토사물이 쏟아진다

검은 화면에 별처럼 희미한 점들이 보이다가 하나씩 금속성 스파크가 튀다가 점차 멈추고 사라진다

*이 모든 풍경에서 소리는 제거하시오. 이 그림들의 경계가 점점 벌어져 여백이 생기도록 눈을 감고 명상하면서 여백이 그림들보다 커지거든 그림들을 지우시오.

해설

비칠, 가방을 들고 달리는 사람

신동옥(시인)

캔버스

동양화가 조병완 시인의 첫 시집.

먼저 선배라는 캔버스를 하나 만들기로 한다. 선배가 캔버스를 만드는 방식은 이런 식이다.

선배는 일단 캔버스 하나를 만들기로 한다. "길 건너 짓고 있는 아파트/젖은 사각의 구멍들/그 검은 구멍에 비치는"(「오늘 당신을」) 것들. 캔버스는 "생의 무게가 가뭇없이 빠져나가는" 「즐거운 구멍」이다. 자, 여기에 무엇을 쓴다. 시인에게 시란 캔버스에 넣을 수 없는 것들('냄새' '쉼' '정지' '박동' '고함' '정적'……)을 백지에 다시 불러모아 배열하는 방식인 것만 같다. 아니 냄새, 쉼, 정지, 박동, 고함, 정적 들을 한데 모아서 백지에다 부려

놓고 조각을 하듯 고랑과 이랑을 만드는 방식인 것만 같다. 그것들은 다름 아닌 "내게서 나는 악습의 냄새"(「2010년 봄, 윤」) 일 테고, 악습을 지우려는 의지와 악행을 저지르려는 마음 사이의 간질거림일 테다. "세상은 한때들의 스치는 인연, 변질"(같은 시)이라고 말하거니와 인연이 중요한 것이 아니라, 의미를 바꾸면서 변질되는/변질하는 인간의 그 모든 행태가 중요하다는 것이다. 애초의 마음이란 없는 것일까? 당신은 얼마만큼 변질되었는가? 조병완 시인이여, 묻기도 전에 시인 조병완은 '나는 없다. 나 이렇게 변질되었다'라고 읽는 쪽에 스스로를 토로한다. 애초에 사람이나 사물을 만나는 일이 중요하지, 변하는 모습에서 만남의 질과 양의 무의미한 싸움을 셈하는 것은 치졸하다. 그런데 아차, 인간은 참 치졸하구나. 그렇게 보고 느끼니 말이다. 변하고 변하고 변하며 유전하는 저 스스로의 몸뚱이를 지켜보는 수고로움이 시의 밑바닥에 놓인다. 시인은 저 이십대 중후반의 한때 어느 절 앞에서 인두화를 그리면서 살았다고 했다. 붉게 달군 인두로 잘 마른 나무를 지지고 태워서 형상을 얻는 일이란 어쩌면 시인 조병완이 시를 쓰는 일과 다름없는 고행이리라. 태워 없애야 그림을 얻을 수 있다. 마찬가지로 백지에는 없는 인간의 악습을 새겨야 시가 되리라는 안간힘.

낡은 코란도

안간힘으로 만났던가? 2002년이면 조병완 선배가 마흔여섯, 내가 스물여섯. 나는 그제도 어렸고 선배는 아직 젊을 때다. 이승훈 선생님을 모시고 간(선생님께서 데리고 간) 중앙문화센터 뒤풀이 자리에서 선배를 처음 뵈었다. 호방하게 굴곡진 곱슬머리를 이마 뒤로 시원스레 넘긴 표정, 백구두에 마바지를 입고 동그랗고 커다란 금테 안경을 걸친 모습이었다. 선배는 대구에서 발행되는 『시와반시』를 통해 1999년에 시인으로 데뷔한 터였고, 나는 같은 지면으로 2001년에 데뷔를 한지라 선배의 이름과 시는 머릿속에 새기고 있던 차였다. 주위에서 '조 화백' '조 화백'하고 부르는 것이 의아해서 물어본즉, 선배는 일찌감치 이름을 얻은 화가라는 것. 스무 살 나이 차이를 깡그리 무시하고 버릇없이 '형'이라고 부르는 내가 귀여웠던지 선배는 대학로에서, 종로에서 종종 나를 불러내 허기진 속을 채워주곤 했다. 홍익대 대학원에서 동양화로 학위를 받고 강의까지 하고 있던 선배였지만, 시에 대해 물을 때는 이제나 저제나 '내가 잘 몰라서 하는 말인데'하고 꼭 단서를 붙이고 조심스레 의견을 말해왔다. 십여 년이 지난 지금에서야 그것이 조심스러운 선배의 말버릇인 것을 뒤늦게 알 정도로 나는 여직 미련퉁이다. 나중에 선배의 전시회 도록에 쓴 화가의 말을 읽고서야 선배가 가진 시야며 넓이를 보게 되었고, 그제야 나는 선배가 이 땅의 젊은 '문인화'의 기수 중 한 명이라는 사실을 알았다. 그렇다면 선불리 '알은 체'하지 않는 선배의 몸가짐이며 말씨는 그가 녹록지 않게 젊은 나이를 건

너왔음을 반증하는 물증일 테다.

선배의 낡은 코란도를 타고 대구로, 무주로, 상주로 모지(母紙)인 『시와반시』 모임이 있을 때면 함께 움직였다. 선배의 말에 따르면 그 낡은 코란도에 가장 많이 동승한 후배가 바로 나라는 것. 아마도 그런 연유로 내가 이 글을 쓰고 있는 것일 터. 간혹 뜬금없이 들었던(선배는 내밀한 이야기를 뜬금없이 툭 던져놓고는 다시 제 속으로 갈무리하는 식으로 대화를 잇는다) 파란만장한 선배의 이야기들은 아프고, 더뎌서 내 기억 속에서 잊힌 대목이 많다. 선배는 전북 고창에서 태어나 중고등학교 시절을 보냈다. 으레 그렇듯 첫사랑의 경험과 예술(그림)에 대한 열정을 키워가며, 역설적으로 세상의 '구멍' 같은 것을 엿보게 된다. 첫사랑에 대해 고백한 대목을 보자면, 열일곱에 조병완은 "핏기 없는" 표정으로 "멀찌감치 애를 태웠다." "그때부터" 그는 "더없이 가난"해졌다. 마음에 커다란 구덩이 하나가 생겨버린 것이다. "스무 살엔 꿈을 챙겨 서울로 갔다."(「그 애, 그리고 나」) 시골에서 상경한 그는 을지로의 친구 집에 '빈대' 붙어서 살았다. "상경하여 촌티 나는 스무 살 무직자일 때/재워주고 먹여주고 용돈 주던" 친구는 이미 이 세상 사람이 아니다. 선배는 친구와 더불어 또는 따로 "남한산성 장춘단공원 장위동 치악산 홍은동 대구"(「나이트클럽 종업원이던 내 친구」)를 떠돌았다. 언젠가는 산문의 절집 입구에 들어 살면서 인두화를 그려주는 것으로 호구를 했다고 한다. 선배의 등단이 1999년이었으니 시인으로서의

출발이 늦은 셈이지만, 그림을 시작하기 위해 홍익대학교에 입학한 나이도 20대 후반이었으니 선배는 부러 늦되게 가는 삶을 선택했다고 할 정도로 우직하게 자기만의 길을 걸어온 셈이다.

더 이상 젊지 않다

등단 15년 만에 첫 시집을 선보이는 그의 처사가 밉살스럽기도 하지만, 선배는 어쩌면 자신의 본모습 그대로를 시집에 아로새기느라 역시 우직하게 시를 써왔으리라. 야속하게도 선배는 이제 젊은 나이가 아니고, 발문을 쓰는 나도 이제 꽃다운 나이가 아니다. 선배는 어느새 "아무개 7일 별세, 9일 발인 ○○○장례식장"(「그대라는 역사」)과 같은 문자를 받고 새삼스레 늙어가는 자신을 가늠해보는 나이다. 삶의 순리를 알아서 '귀가 순해지기〔耳順〕'에는 깨달음에 미련을 두지 않을 나이고, 주저앉아서 느긋하게 걷는 법을 올곧이 몸으로 익히기에는 가슴속에 꿈틀대며 '일어서는 의지〔而立〕'의 미련들이 가시지 않은 나이다.

상투적인 비유라면 '생의 고개'를 넘는다고 할 테지만, 선배는 정직하니 제 몸을 가지고 말한다. "내 생의 허리는 번번이 비대하였다"(「쓸쓸한 섹스, 너의 숲,」)라고 말이다. 무엇으로 비대한 생의 허리인가? 시인의 삶을 숲으로 비유하자면 근원 모를 물소리가 이명을 몰고 오는 숲길 끄트머리 오솔길 즈음에서야, 그 알 수 없는 새소리 물소리로 시인의 생이 비대한 것이 아닌가 하고 짐작할 수 있을 게다. 삶이 '너의 숲'이라면 그 숲을 헤치고 나오는 허리 놀림의 가열한 육박전으로 삶은 비대하였다는 것이다. 그러니 열정과 향락이 지나간 자리에서, 열정의 쾌감을 불러모으는 고갯짓에 시인은 애초부터 관심이 없었던 것은 아닐지. 선배는 순탄치 않은 삶을 살며, 시와 그림을 붙잡고 놓지 않으며 깨달았을 것이다. 욕망을 향한 몸짓이 쓸쓸한 이유는 갈증을 남기기 때문이라는 것을. 갈증이 욕망을 부른다는 평범한 생각을 돌려서, 선배는 모든 갈증은 '後日'을 남긴다고 말한다. 때문에 시인은 먼 후일을 사는 방식으로, 전생을 기억하듯이 현재의 조각들을 불러모은다. 〔"겨우 기억했지, 그 이후의 일들이 기억나지 않았어, 그래도 그렇지, 달포나 지나서 그런 거 아니었냐고 묻니? 그랬는지도 몰라, 난 갈증에 시달렸으니 뭐든 마시고 싶었겠지"(「거의」)〕

그럼에도 더 이상 젊지 않다

이제 세상을 돌볼 차례다. 말을 배우고 그리며 50년 넘게 정든 세상을. 더럽게, 서럽게 정든 세상을.

> '납으로 빚은 세상을 만났다. 상상과 기억마저도 무채색으로 덧칠되었다.' '질병과 결함, 장애는 역설적이다. 변화된 상황에 따라' (중략) '나는 이제 빛으로 이루어진 눈부시고

어리둥절한 세계를 떠나도 좋다는 허락을 받고 본래 자리로 돌아갔다. 50년 동안 집과 같았던 정든 그곳으로, 기꺼이…'

—「2005년 10월 15일 24에서 26까지」 부분

누드

갈증은 사람을 쉬지 않게 만든다. 방향도 목적도 없이 걷는 사람은 '사이'를 묻지 않는다. 무엇과 무엇 '가운데'를 묻지 않는다. 갈증으로 온몸이 충만한 사람은 '당신과 나, 사이'를 생각할 겨를이 없기 때문이다. 가운데 쉼표가 있다. 시인은 부러 행과 행 사이를 멀찍이 띄어놓는가 하면, 지뢰처럼 쉼표를 박아 넣고는 한다. 이런 방식이다. "밤이 되었, 광막한 입구, 어둠이 아내와, 아니 딸(이라도 좋)과 호프집에 앉, 발랄과 우울이 앉아 서로를"(「그렇고 그래도 좋,」), 어떤가? 자연스럽게 흘러가는 흐름이랄지 정련된 탁자와 같은 공간은 해체되었다. 단어와 단어 사이에 촘촘하게 쉼표를 박아넣으면 읽는 눈이 제풀에 지쳐 쉴 겨를이 없다. 답답하고 숨이 막힐 지경이 된다. 쉼표가 흐름을 끊어놓기 때문이다. '말과 말 사이'를 생각하는 방식은 역설적으로 쉼표를 지우고 인간의 말을 한 몸으로 받아들이는 방법에 있는 셈이다. 쉼표 없는 문장으로 적어 내려간 한 편의 사연은 '아, 어떻게 끝날까?'라는 궁금증을 불러온다. 반대로 쉼표를 쉼 없이 박아넣는 문장은 '사이'만을 생각하게 만든다. 난데없이 튀어나오는 도로표지판과 점자블록에 걸려 길에 널브러져본 취객의 심사로 행간을 걸어야 한다. 좀체 속도를 조절할 수 없는 걸음이 될 밖에 없다.

결국 그 많은 쉼표들은 쉬지 않으려는 '마음'에 시비를 거는 시인만의 작전인 셈이다. 시인은 한 걸음 더 나아간다. 동사를 생략하는 것이다. 동사를 생략하면서 모양이며 생김새를 그린다. 생략된 동사가 사물의 생김새와 움직임을 오롯하게 그리는 방식이다. 지워버리고 남은 것들은 무엇인가를 되묻는다. 기억이 작동하는 방식이 대개 그러하다. 우리네 감정의 일렁임 가운데 인간은 땀을 흘리고, 얼굴이 붉어지고, 손을 바들바들 떨고, 입술을 씰룩거리며 쾌와 불쾌의 감정을 드러낸다. 감정과 정서의 움직임이라는 것이 어디를 향하고 어떤 마음의 상태를 가리키는 것인지 우리는 감정이 일어나는 순간에도 알지 못하고, 감정이 멎는 순간에도 알지 못한다. 그래서 대개 모든 기억은 '기억 흔적'으로 말한다. 마음은, 이를테면 쉼 없이 '경사 운동'을 하고 있는 셈이다. 기울어진 마음을 바로 잡으려는 안간힘. 역설적으로 마음이 흘러가게 두는 방법이 마음을 다잡는 방식이 될 터이다. 마치 비뚜로 걸린 실타래처럼 그윽하게 쏟아져내리는 달빛처럼. "기, 울어진 세상에서 기, 울지 않은 것은 형벌인가 산, 수유꽃이 덜 핀 채 매달린 검, 은 가지에 斜月의 눈, 물이 머문다"〔「사월(斜月)」〕

TV를 켠다 채널을 돌리다가 끈다 담배를 피운다 물을 끓여 차를 마신다 바람이나 쐬려고 구두를 신는다 구두가 제 모습이 아니다 오물과 찌든 때를, 구두를 닦는다 다른 구두도 꺼내 닦는다 그래 흔적들은 고집이 세지 바닥을 쓸고 대걸레로 닦는다 손걸레로 TV를 닦고 오랫동안 아무도 앉지 않았던 구석의 의자도 닦는다 물건들이 왜 이리 빨리 먼지를 쓰는가 오디오와 스피커도 닦는다 선풍기를 닦는다 분해해서 날개도 닦는다, 닦는다 낡은 말들을 뱉으며 먼지 속을 달려왔지 나는 먼지 속에 있어 아니, 없어 아니, 아니 책상 위를 닦는다 스탠드 등을 닦고 자명종을 닦는다 자동응답전화기도 닦는다 자동응답전화기가 말한다 네 조병완입니다 저는 지금 여기 없습니, 버튼을 눌러 끄고 다시 닦는다 재떨이를 비워 닦는다

샤워를 한다 먼지를 쓴 머리를 감고 양치질을 하고 길게 자란 손톱을 깎는다 발톱도 깎는다 하찮은 것들은 빨리도 자라지 낡은 것들은 젠장, 친숙하게도 나를 잠식하지 거울을 닦는다 입김을 불어가며 닦는다 거울 속의 남자는 낡았다 닦을수록 남자는 더 낡아진다 낡은 남자는 손을 뻗어 내 손을 닦는다 입김을 부는 내 입으로 그의 손이 들어온다 입을 벌린 채 몸을 맡긴다 팔 속으로 갈비뼈 속으로 폐 속으로 손은 빠르다—대장 속을 고환 곳을 머릿속을 가슴속을

닦는다—아니, 느리다 탈진한 나는 누워 담배를 피운다 폐부를 거친 담배연기는 환풍기를 통해 몽롱하게 밖으로 빨려나간다 느린 전화벨 소리가 멎고 어렴풋한 소리가 들린다 네 조병완입니다 저는 여기에 없습니다 먼지들……

—「TV를 켜다가 아니, 바람이나 쐬려고 구두를 신다가」 전문

한때 시인은 〈나 또는 너〉라는 제목으로 연작의 누드를 그렸다. 그림 속에는 샅이 두 개인 여자가 네 개의 다리를 벌리고 누워 있는가 하면, 몸을 바위처럼 웅크린 남자의 등허리에 나무가 자라고 호랑이가 앉았다. 횡설수설과 부정 사이에서 기울어진 마음은 운동한다. 욕망하는 인간이 추악한 것이 아니다. 부끄러움을 모르는 인간이 세상에 있다면 그 자는 신이거나 악마일 것이다. 그렇다면 부끄러워서 털이 자란다고 말할 수도 있을 테다. 털은 하찮으니까. 깎아야 할 털은 하찮고, 깎아낸 털은 쓸어서 버려야 하고 닦아야 한다. 깎고 버리고 쓸어도 잠식해오는 것들은 하찮다. 하찮은 것 투성이어서 세상이 비루한 것인가, 내가 비루해서 하찮은 것들이 자라는 것인가. 시인은 대답한다. 하찮은 것은 자꾸만 자라나니까 가릴 수가 없다고. 닦아내고 닦아내도 쌓이는 "찌든 때"처럼 일상을 잠식한다고. 그렇게 잠식하면서 자라나는 머리카락과 치모는 자연스럽게 나의 일부가 되어간다. 머리카락이 자라고 손톱이 자라는 속도를 짐작하는 사람이 있겠는가. 그것이 자라는 속도에 신경이 쓰여

서 도무지 살아갈 염을 못내는 신경증 환자가 아닌 바에. 하찮은 것들이 하찮게 보이는 순간은 그런 의미에서 범속한 순간이 아니다. 하찮은 것들을 다시 보면서 인간은 친숙함에서 한 걸음 물러서서 자신을 돌아본다.

만상목

시인의 말대로 "TV를 켜다가 아니, 바람이나 쐬려고 구두를 신다가" 문득 돌아본 그곳에 이상한 날것들을 자꾸 뒤집어쓴 '나'가 부끄러운 모습을 하고 서 있는 것이다. 그러다가는 '아차' 또는 "아니" 하고 이마를 치는 순간에 불쑥 길어진 머리카락이나 손톱처럼 나를 돌아보게 된다. 그런데 그 머리카락이나 손톱에는 먼지며 물감이 덕지덕지 묻어 있는 수가 있다. 나도 모르는 사이에!

마찬가지로, 문장은 대개 사물과 사물을 바꾸어서 옮기며 의미를 얻으려 한다. 일러 치환의 방식이라고 한다. 거기, 확정적인 뜻을 새기고 나면 은유의 이름을 얻는다. 무엇이 무엇으로 바뀌었는지 알려고 마음을 다스리자면 '나 또는 너'의 본디 모습은 온 데 간 데 없다. 과연 내 마음은 호수였던가? 저 풀과 나무, 새와 벌레, 컴퓨터와 책 더미, 호랑이와 까치를 그것이게 그대로 둘 수는 없는 것인가? 시인은 묻는다. 그것들이 그것들인 그대로 그리고 나면 그림은 뜻을 얻고, 그 사의(寫意)의 희디흰

기폭을 펼쳐 보인다. 시에서도 그것이 가능할 것인가? 시인은 아프게 묻는다. 놀이를 통해서라면 안 될 이유도 없지 않은가, 라고 말이다. "겨울나무는 달팽이꽃/달팽이꽃은 조랑나비/조랑나비는 황소새/황소새는 흰 술병/빈 술병은 너"(「황소새는 빈 술병」).

이렇게 사슬로 엮듯 이름들을 불러주는 이의 심사를 우리는 알 것도 같다. 굴비를 엮듯 엮어놓고 보는 이 심사, 그리움을 부르는 자의 속내 아니던가. 호명(呼名)은 호곡(號哭)이고, 목 놓아 부르는 일은 저 공중에 빈자리 하나 그려두고 거기에 고일 이름 자리 새겨두는 마음 아니겠는가. "어떻게 이름을 놓을 수 있을까?"라는 고민은 "어떻게 이름의 꽁무니를 붙잡을 수 있을까?"와 같은 물음이라는 것을 시인은 안다. 그래서 이렇게 쓴다. "내가 너의 꽁무니를 잡았을 때/네겐 꽁무니가 없었다/네겐 뒷모습이 없었다"(「내가 너의 꽁무니를」)라고. 꽁무니를 붙잡을지언정 뒷모습으로 남은 것들을 그리지 않겠다는 악착같은 다짐이여, 부질없음이여. 부질없음을 아는 허황한 심사는 또 어떻게 달랜단 말인가. 조병완은 한때 〈만상목〉이라는 그림을 여러 점 그렸다. 거기에는 정말이지 "나타나지 않는 너는 휘파람노루/청바지꽃은 하늘전화/조개지폐는 필통석양/구름가난은 숫자기차/편지여행은 달력반지"(「여름, 장난」)…… 모든 것들이 그것대로 뒹굴고 있었다. '장난'을 치며 미소를 짓고 있었다. 그림이 붓질 한번으로 쉬이 이월하는 저 '만상목'을 시에 불러들이

기는 수월치가 않음을 안 때문인지, 조병완의 말씨에는 쓸쓸한 장난기가 배어 있다. 장난이 불러오는 즐거움이라는 것이 한편으로는 두려움을 극복하는 방식 아니었던가. 어느새 “탄력이 빠진/양말”처럼 “세상과 만나면서 얇아지고/세상과 부대끼며” 허허로울 때 비로소 시인은 “낙관적이다”(「양말을 버리는 즐거움」). 그러나 한편으로 그는 아직 구멍 난 양말을 받아들이지 못하고 있다. 양말은 배반을 꿈꾸지 않으니까 말이다. 저 만상(萬象)의 단조로움을 한달음에 넘어설 수 있는 방법은 어디 있을까?

달리는 사람

그는 한때 가방을 들고 ‘달리는 사람’을 그렸다. 가방 속에는 그가 “품고 사는 것들/버리지 못한 악습/과욕의 목록이 빼곡하다”(「화해」). 그 시절 그는 스스로에게조차 “(불편한 자식!)”(같은 시)이었다. 그는 스스로에게 물었을 것이다. 대관절 이 회색 장지에 하얀 물감으로 그림을 그리는 나라는 놈은 어떻게 생겨먹은 짐승이란 말이냐. 화폭에 그려진 선들은 덧칠되고, 때로는 개칠되고 애초에 그리려던 모양을 저 스스로 넘어서면서 꿈틀거린다. 한 마리 호랑이가 되는가 하면, 돌고래 머리에 임신한 여인의 몸을 한 미끄덩한 몸이 되기도 하고, 스무 갈래로 갈라지는 어둠 속의 폭포가 되기도 한다. 그는 화폭에서 행간을 읽을 것이다. 그때 문득, 어렴풋이 스스로를 만났을지도 모른다. 간신히 붙잡은 나라는 인간을 화폭에서 상념으로, 상념에서 다시 시로 옮겨 적는 일은 어려웠다. 누가 있어 나를 나로 붙들어 준다는 말인가. 그는 안다. "내가 나일 때마다/나는 스르르 무너진다"(「나는 무너진다」) 또한 나는 그린다, 나는 사랑한다, 나는 쓴다, 나는 흘레붙는다, 나는 먹는다, 나는 잔다, 나는 꿈꾼다. 나는 '부드럽게 명멸(明滅)'한다. 너는 어디 먼 데서 SOS를 타전하는 불빛처럼 흐릿하게 켜졌다가 꺼진다, 너는 내가 스르르 무너질 때마다 나를 나이게 한다, 너는 나타났다가 곧 사라진다. 그러니까 나는 너로 인해 항시 "흔들리는 윤곽으로 젖고 있다"(「부드러운 명멸」)

입이 두 개인 네가 한 입으로
갈증을 삼키고 다른 입으로 쓰레기를 씹는다
갈증을 삼키는 입으로 너를 잡아들이고
쓰레기를 먹는 입으로 나를 잡아들인다, 그러나
두 입으로 동시에 나를 잡아들이거나
너를 놓지 않으면서 두 입은
공존의 방식을 지킨다

거래처에는 평화로운 음악이 없다

이 도시가 노을을 핥듯이 두 입으로
어둠을 핥으면 너의 몸은 흘러내린다
멍들고 터진 너의 몸이 흘러내릴 때
네 두 입에 제물을 올린다

오늘도 힘들었지?

—「두 입, 나 또는 너」 전문

서로를 "놓지 않으면서" "공존의 방식을" 지키기 위해서는 두 입이 필요하다는 것. 해소하는 입과 배출하는 입이 외따로 있어야 한다. 왼손이 오른손이 하는 일을 모르듯이, 욕망이 배설을 모를 때 너와 나 사이의 '공존'이 "평화로운 음악"이 되어 레코드판이 돌듯이 돌 수 있다는 말이다. 대개 '사랑'이라고 불리는 인간의 일이 그러하지 않은가. 너를 기다리고 애태우면서도 너를 도무지 모르겠어서 "두 입에 제물을 올"리고 어느 입이 먹는 입이고 어느 입이 뱉는 입인지를 기다리는 수밖에 없지를 않은가. 다만 "오늘도 힘들었지?" 다독이며 서로의 치욕을 가려 덮어주는 수밖에. 조병완은 해소되지 않는 갈증을 말하고 싶은 것이다. 부드러운 명멸 속을 치욕으로 달리는 자가 '바로 나, 조병완'이라고 말하고 싶은 것이다. 어디로 달리는 것일까? 바로 쓸쓸함의 유토피아. 조병완은 쓸쓸함이 낙원을 만들고, 그리움이 낙원을 유토피아로 영속시킨다고 말한다. 인간은 허기로 배부른 존재라는 것이다. 쓸쓸함과 그리움이 허기를 낳고, 허기가 기쁨을 낳는다(「나 또는 너, 그리움」). 마음은 대저 이런 방식으로 흘러가야 낡지 않고 새롭고 또 새로워서 새것을 낳을 수 있다는 말이다.

나라는 허기를 먹으면서 네 갈증은 커진다. 커가는 네 갈증이 나를 만든다. 우리의 입술은 뫼비우스의 띠처럼 연결되어 있다. 우리의 몸뚱이는 클라인의 병처럼 안과 밖이 없이 영묘하게 봉합된 채로 서로를 껴안고 있다. 허기와 기쁨이 한 몸이라는 깨달음이 허랑한 췌언으로 그치지 않는 이유다. 솔직하게 욕망하기는 쉽다. 그러나 욕망하는 스스로가 무너져내리는 것을 바라보는 일은 수월치 않다. 애써 그린 그림에서 물감이 번져 흐르는 것을 누구 있어 그대로 두고 볼 것인가.

조병완, 후투티

조병완 화백은 먹과 아크릴로 장지에다가 작업하는 데 명수다. 먹은 계산한 듯 계산하지 않은 듯 스미면서 번지고, 아크릴은 시너를 머금은 채로 화폭에 번지며 미끄러지고 흐른다. 화가 조병완은 그렇게 번져 흐르는 색과 형태의 욕망을 그대로 받아 적듯이 그림을 그린다. 많은 수행과 시행착오 끝에 태어난 기법이리라. 선배는 중견 동양화가다.

언젠가 선배의 전시가 끝나고 함께 그림을 정리한 적이 있다.

예의 낡은 코란도 뒤편에 그림들을 잔뜩 쟁이고 일산에 있는 선배의 화실로 향했다. 벽면을 온통 뒤덮은 그림들, 그러고도 모자라 커다란 선반에 벽장에 차곡차곡 쟁여져 있는 두루마리들, 벽에 바닥에 뒹구는 버린 그림들조차도 한결같이 땀냄새를 품고 있었다. 거기서 이젤을 술상 삼아 선배와 대작했다. 벽면에는 장의사가 주인공으로 나오는 일본 영화를 한 편 틀어놓고 말이다. 영화 속에서는 커다란 가방을 들고 장지로 떠나는 염장이가 나왔다. 처음 본 선배의 그림은 영화 속에서처럼 회색 아크릴물감 톤을 주조로 하고 있었다. 수없이 갈라진 건물 틈새로 가방을 들고 뛰어다니는 어깨가 굽은 한 남자가 나왔다. 그 불안한 인상. 선배의 그림은 〈세한도〉 연작으로 넘어가더니, 어느새 〈마음의 풍경〉이라는 연작 제목을 달고 후투티를 그리고 있었다. 후투티는 투명했지만 역시 불안한 인상이었다. 선배의 후투티는 세상에 없는 후투티라 맑디맑았고 울음을 울지 않을 새였기 때문이다. 그러고 나서 〈호랑이와 까치〉를 그렸고, 〈마음의 여백〉이라는 연작 제목을 달고 세상을 담기 시작했다. 그러다가 한 번 '나 또는 너'라는 주제 아래 발가벗긴 여인의 몸뚱이를 기괴하게 접합시킨 〈누드〉 연작을 그렸다. 선배는 그 연작에 '아픔'이라는 부제를 달았다. 언제고 선배에게 캔버스는 마음의 풍경과 현실의 환영을 이물감 없이 접합시킬 '마당'인 것만 같다. 그렇다면 시는 그 사이에 부리는 선배의 조감도겠다.

그리하여 시란 어쩌면 그가 한때 그리고자 했던 후투티와 같은 것. 인간의 반대편에서 인간을 비추는 모든 것들일 터. 그렇게 시인은 한사코 "부서지는 것들을 말"(「푸드득」)한다. 마음이 부서진다. 자잘한 인정 가운데서 상처를 받고 쪼개진 어제의 한 때들은 '거의', '슬며시', '푸드득'과 같은 소리를 내며 마음에 생채기를 남기기 때문이다. 언제부터인가 그런 자신을 돌보는 방식에 더 이상 익숙하지가 않은 몸인 것이다. 물러서서 바라보기에는 아직 몸이 익숙하지가 않고, 앞만 보고 달려가기에는 뒤에 몰아닥칠 기억과 후회의 해일이 두렵다. 양자결단의 심사로 살기에는 답이 없는 지경이다. 이런 가운데 '나는 누구인가?'를 묻는 혀는 얼마나 무력한가? 또 예리한 변명에 베인 말들은 얼마나 터무니없었던가? 시인은 혀를 빼물고 말하는 것만 같다. 쉼표를 탁, 탁, 탁 박아넣으며 "보라, 이 무력한 혀의 말들을?" 하고 말이다. 그러고는 빙긋이 웃는다. 시인의 후투티가 선배의 왼쪽 어깨에 앉아 깃을 친다. 날아라! 조병완.

이 도서의 국립중앙도서관 출판시도서목록(CIP)은 서지정보유통지원시스템 홈페이지 (http://seoji.nl.go.kr)와 국가자료공동목록시스템(http://www.nl.go.kr/kolisnet)에서 이용하실 수 있습니다. (CIP제어번호: CIP2014005570)

시인동네 시인선 008

빈말과 헛말 사이에 강이 흐,

초판 1쇄 인쇄 2014년 3월 19일
초판 1쇄 발행 2014년 3월 26일

지은이 조병완
펴낸이 김석봉
책임편집 이현호
디자인 조동욱
펴낸곳 문학의전당
출판등록 제311-2012-000043호
주소 서울시 은평구 연서로11길 7-5 401호
편집실 서울시 마포구 마포대로 127, 413호(공덕동, 풍림VIP빌딩)
전화 02-852-1977
팩스 02-852-1978
블로그 http://blog.naver.com/mhjd2003
전자우편 sbpoem@naver.com

ISBN 978-89-98096-66-3 03810